Primo Levi

IO CHE VI PARLO:
CONVERSAZIONE CON GIOVANNI TESIO

与你们交谈的我
莱维、泰西奥谈话录

[意] 普里莫 · 莱维 乔瓦尼 · 泰西奥 著
刘月樵 译 沈萼梅 校

中信出版集团 · 北京

我自认为是经历过许多战役的一名战士。在这许多战役中，我战败过，也战胜过。我应该具有某种深厚的力量，因为我是奥斯维辛集中营的幸存者，这是一场艰苦的战役。作为化学家，我承受了失败，但是也胜利过多次。另外，作为作家——我几乎是勉强地竭力去成为一名作家——我打开了一个新的篇章。首先是在意大利，其后又在国外，这股成功的浪潮顺势逐渐向我袭来，使我严重地失去平衡，它让我披上了某个人的外衣，但那个人并不是我。

目录

我认识了普里莫·莱维

一次谈话的平台是以登山运动员般的努力为代价创建起来的。

——奥西普·曼德尔斯坦姆，《关于但丁的谈话》

“你头脑里已经有了一个‘战斗’计划了？”问题是在翁贝托国王大街——都灵市最漂亮的大街之一——75号位于四层楼的一个套间内的书房里向我提出的，时间是1987年1月12日的下午。

向我提问题的是一位穿越过人类20世纪舞台的、最富传奇色彩的作家，他不仅是文学家，而且是奥斯维辛集中营最可信的见证人之一。他确实是个诚实正直的人，却又是在精神与肉体上同样受过伤的人：一位兼具世俗主义和理性的大师，他对世事抱有怀疑和审慎的态度，思维清晰，富有坚持不懈的精神，意志坚定且行动果断。

在没有华丽装饰的、宽敞的书房里，在那间与“20世纪初期其他许多颇具绅士派头的房子”（正如他在一次而后发表在《他人的行当》的讲话中谈到的）相似的屋子里，普里莫·莱维向我提出了最可以预见到的，然而又使我深感不安的问题。但是，为了说明提问的可预见性，又为了说明我听到这个问题时的惊讶，我需要做出某些初步的解释。

我是在读到1967年埃诺迪出版社的一本《珊瑚》

（*Corallo*）杂志上发表的《这是不是个人》时认识普里莫·莱维的。而在十年之后，我又面对面结识了他，因为在为皮埃蒙特大区作家写作一本学校文集搜集资料时[1]，我发现馆长所选择的那一页内容，与我阅读过的《这是不是个人》的版本留给我的记忆丝毫不相符。做过对比我才发现，在埃诺迪的版本之前，还存在一个更早的文本，而这个文本是由德·席尔瓦出版社于1947年出版发行的，该出版社是都灵市最引人注目的反法西斯主义人物之一佛朗哥·安东尼切利（Franco Antonicelli）于1942年创立的，后来又在1949年关闭。就德·席尔瓦的文本与1958年埃诺迪出版社第一次出版，而后又原封不动地重新再版的文本进行对照之后，我发现，变化之处既不在少数，更不是无足轻重的。于是，我鼓足勇气（在皮埃蒙特大区有一句漂亮的俗语，叫作“大嘴巴”，而从字面上讲就是“爱管闲事”）给作者打了电话，而他也毫不迟疑，邀请我到他家里，并且为我准备了一个笔记本——一个橄榄绿封面、供学生用的厚笔记本，我可以在上面验证文本增加的部分。就这样我写了一篇随笔评论[2]，实际上有点杂文的味道，肯定是不完美的（我没有考虑到由于席尔维奥·奥尔托纳的帮助，在韦尔切利市共产主义期刊《人民之友》上已经发表过的篇章），然而，它应该算是有运气的。

---

1 该书为《大地的心脏和血液》（*Il cuore e il sangue della terra*），由维尔吉尼娅·加兰特·加罗内编辑，安娜出版社，墨西拿，1976年。

2 关于《这是不是个人》的一些增补和修订部分，在《皮埃蒙特研究》杂志上，Ⅵ，1977年，第2期。

还有，随后我又重新就不同版本文学研究和对比的问题，向莱维提出了疑问。是他让我手中既有了他亲笔写了《休战》的笔记本（在这上面，他写下了此书几乎所有的章节），又有了——在那同一时期——为新闻界准备的《扳手》的打字稿，那正是 1978 年的文稿。他暗示我，随着计算机的到来，有一件事可以十分肯定：他为《报刊》写过一篇文章《抄录员》（*Lo scriba*，后来收集在《他人的行当》中），在这里他谈到一位“文学家朋友”，这位朋友惋惜道，语文学家丧失了“在连续不断的修改、擦除的重构过程中获得的高尚幸福，丧失了通向《无限》[1] 的通路”。

在得到第一份工作之后，其他工作也随之而来。首先是两年之后由《贝尔法戈尔》杂志发表的一篇《批判的描绘》（“ritratto critico”），然后有不少的书评以及采访。以至于当他觉得要出版诗集《不定的时刻》时，为了物色另外一个可能的、相称的出版商——那是埃诺迪出版社危机最为严重的时期，他看到了其他作家远走高飞、改换门庭，比如拉拉·罗马诺[2] 就在蒙达多里出版社出版了《在尽头的海洋里》（*Nei mari estremi*）——他与我商量，我建议他考虑一下加桑蒂出版社，正如后来所发生的那样。

莱维当时节俭、简朴而谨慎，十分热情有礼，而我不仅被他的书籍的精确表达，他多种多样又周详的知识，以及他

---

1 《无限》（*Infinito*）系意大利著名浪漫派诗人莱奥帕尔迪（Giacomo leoprdi，1798—1837）的代表作。——校者注

2 拉拉·罗马诺（Lalla Romano，1906—2001）：意大利小说家。——校者注

引人注目的非凡记忆力所吸引，还被他殷勤好客的禀性，以及通过准确无误和干脆利落的词语与人交流的那种不容置疑的特殊能力所吸引，其中回荡着一种不乏某些忧郁的弦音——他那种为避免空洞的框架，又把自己的写作建立在对语言进行丰富、朴实又十分高雅的修饰之上的才能。

认识了莱维还意味着，我需要面对在写作所使用的书面语言里，重新认识他口头讲话声音的难题，这声音是反修辞学的，但又不缺乏生气；是亲密的，但又几乎是欢快的；是平淡的，但又具有一种他的突发的表现力。

在我们之间，诞生了一种比简单的亲密关系更深的东西。这从甚至允许从“您”到“你”的称呼的过渡，到陆续寄给我为我书籍所写的一些并非一般的题词，都可以说明。总而言之，我们建立了某种惯例，从当时的一系列情况之中，我们萌生了谈话的想法，这种想法在当时对莱维似是一种解救。我一时还没有一种清晰的意向，但肯定我是在实践一条被莱维广泛地试验又反复地重申的准则：“讲述是一种可靠的良药。”

在《普里莫·莱维的自画像》(*Autoritratto di Primo Levi*)[1]中，费尔迪南多·卡莫恩(Ferdinando Camon)在某种程度上，也许是影射一些莱维个人的，而后又被倾注在小说中的经历，他对莱维说：“您不是一个意志沮丧的人，也并不焦虑。”而莱维呢，显然是出于对未曾预料的观察与见解的好

---

1 费尔迪南多·卡莫恩:《普里莫·莱维的自画像》，第二期，东北出版社，帕多瓦市，1987年。

奇，便用一句提问做了回答："这个印象，是来自书里，还是来自我的外表形象？"对此，卡莫恩回答："来自您的外表形象。"由此他得出这个精确的解释："总体来说，您是有道理的。不过，在监禁之后，我有过一些抑郁发作的症状，我不敢肯定，是否要把这些症状与那次经历联系起来，因为它们具有不同的，一次比一次明显的标签。在您看来，这似乎奇怪，但是最近我经历过一次愚蠢的抑郁发作，并没有许多原因：我在一只脚上动过一个小手术，这让我想到自己突然变成了老人。当时需要休养两个月，以便让伤口愈合。这就是我为什么问您的印象是来自我的外表还是来自书里。"

卡莫恩的采访是多次见面的结果，那些会面发生在1982年至1986年之间（最后一次是在1986年5月末的一个星期日，距离他去世连一年都不到）。因为是依主题呈现的采访，所以很难说刚刚引用的声明是否属于最后的会晤。可以假定是如此，但这一点并不清楚。

不管事情如何，在1986年圣诞节的前夕，我为莱维提了一个建议：为一个我们马上将称为"被授权的"传记准备所需要的材料。我突然感觉到在他身上有一道裂痕，我也不知道怎么搞的，突然产生一种冲动，建议他开始一项工作。对此，我坦率地说，在那一刻之前，我对此甚至都没有大致的想法。就这样，我本能地采取了"获得授权的传记"这个权宜之计。而让我感到意外的是，他也立刻就接受了，竟没有表示异议。

为此我在1987年，即新的一年的1月12日下午去了他家，并随身带去了小型录音机。在那里，有了这样的开场白："你在头脑里已经有了一个‘战斗’计划了？”我被迫向他坦白地承认，我脑袋里没有任何计划——更不要说“战斗”了。还有，毫无疑问，我没有做好准备，就像卡莫恩对他的采访所明确表达的那样，“关注涉及其全部作品以及整个人生的一系列有组织的提问、问题、题目”。相反，从目前来看，我只着眼于收集尽可能多的资料和信息。我们没有制订规则或流程，除了采取按莱维经历的年月顺序进行交谈的原则。目前我们的眼光更多地放在事件和人物上，而不是问题上：一次行程的象征意义，将在事情进展的过程中找到最好的位置。

在日期为 1987 年 1 月 12 日的第一次谈话后，又有两次安排在下午的会晤，一次是在 1 月 26 日，另外一次是在 2 月 8 日。我不止一次关掉录音机，为的是允许他更自由自在地说话，而不单是说那些他有所保留地录在磁带上的东西：有时候他会询问我；另外一些时候，我则主动地去问。其余的约定是清楚的。我们谈话中有一个关键的细节，是莱维本人提醒我，他的坦陈应该经过“诠释”。他是在一个明确被认为“处于精神忧郁”的时刻对我说这些话：“我从一开始就对你说过，这是需要被诠释的自传。”也就是说，需要加以解释。

与其他采访相比较，我们谈话的真正区别，更多在于语气而非谈论的事情，比如格调和手势。我们并不缺少词语的准确，但是态度不时地流露出某些退让。以至于在三次会晤的第二次之后，发生了不同于我们的惯例的事情，我没有预料到除了一次有力的握手——在告别的时刻——之外，他还拥抱了我。

在第三次会面之后，他对我说，我们需要中断一下，因为他得去医院做一个手术。正像他能够做出的那样，他用不容对方坚持的坚定态度，婉拒我去医院找他，又禁止我给他的家人打电话询问消息，而我也遵守了禁令。

在手术之前，我又一次去了他家里，我为他带去了一本刚刚出版的选集，在其中我选择了《元素周期表》一书中的《砷》（“Arsenico”）这个短篇：在我看来他并没有不高兴，他对我说，这篇小说不久前被翻译成了中文。我看到他与阿尔贝托·萨尔莫尼（Alberto Salmoni）在一起，这位正是《元素周期表》里的朋友埃米利奥。然而那是一次极其短暂的访问，一切都是在他家门口完成的。

当我决定走动露一下面的时候，已经到了4月份，复活节的那个星期五。快到中午的时候，我打电话给他。他回应了，声音十分客气，心情相当不错。在我向他询问之前，他向我宣布自己准备“重新恢复工作”。他只是嘱咐我要把星期日排除在外，因为他为了写一篇报道将要接见一位“美国女摄影师”。我们商定好，我下星期再重新打电话给他，为了那些我们已无法着手完成的协议。

乔瓦尼·泰西奥

一份应该和必须的感谢献给毛里齐奥·克罗塞蒂以及圭多·达维科·博尼诺，因为他们阅读了书稿；也感谢法比奥·莱维，因为他做了中间人和保证人的工作。

星期一，1月12日

莱维：你在头脑里已经有了一个“战斗”计划了？

泰西奥：我可能会按照时间顺序进行，从对你的亲人、你的父亲、你的母亲的回忆开始，从他们到达的地方开始。我想说，总而言之，我要勾勒出你的家庭的画面，两个支系的祖父们……我们从你父亲开始？

莱维：关于我父亲，通过《元素周期表》一书你已经知道了许多事情，我可以再补充一些。他因为一个肿瘤而于 64 岁早逝。他是这样的一个人——只要身体还健康时，他都懂得享受生活；他渴求知识，对教育也是如此；他旅行过很多次，讲一口流利的法语和德语；他在 60 岁的时候，开始学习英语，并开始重新学习积分学，他当工程师的时候曾经学习过微积分，但他仍不断地做练习。至今我还时不时地在家里发现他留下的纸页，尤其是写满解决的或未解决的积分学练习的纸页。

泰西奥：他去哪里旅行过？

莱维：首先是在法国和比利时，后来又在匈牙利。他在布达佩斯待了很多年。

泰西奥：一直是为了公司？

莱维：是的。在第一次世界大战期间，他曾留在意大利，但他被免除了兵役，因为他领导着一个滚珠轴承厂，该厂具有重要军事意义，所以他被认为是不可缺少的。

泰西奥：工厂在哪里？

莱维：按照我的记忆，是在都灵，但我不知道是哪个工厂。在布达佩斯，他曾经遇上第一次世界大战，但那是不同的年代，他们没有把他放入集中营，而是通过一张通行证让他上船到意大利，而他也平安无事地到达了。后来他一直与匈牙利保持着联系，因为他为一家大型机械和电气制造公司工作，他是那里的设计师。随后，在我和我妹妹出生之后，他成了这个工厂在皮埃蒙特和利古里亚两个大区[1]的代表。他差不多放弃了真正的工程师职业，作为代表，他主管着这些仪器的安装，因此，他游历过整个皮埃蒙特大区和利古里亚大区。

泰西奥：他是一个很活跃的人。

莱维：他是一个十分好奇的人，“好奇”这个词有两层意思，因为他差不多对一切都感到好奇，他的阅读量非常之大。

1　意大利全国共有二十个大区，此为其中两个。——译者注他好奇，因为他是一个“会享受的人”，他非常喜欢品尝好吃的东西。他从来也没有达到那种能被称为富有的程度。有时我会想起，他在家里似乎讲过要买一辆汽车，但那个时候拥有一辆汽车还是一个传奇，其后，也从来没有买过汽车。

泰西奥：你们是一个富裕的家庭。

莱维：是的，家里有一种不错的生活环境，一种合宜的富足。我们有一个固定的女佣，但那时有一个固定的女佣是很正常的。她什么都干，她是圣女里塔[1]的虔诚信徒，她处世谨慎，力图皈依天主教。她很有礼貌，十分平静。

泰西奥：回到你的父亲身上？

莱维：我父亲因各种奇闻逸事，因上衣，因书籍而众所周知。因为他用对数规尺来核对火腿的账目。科涅的猪肉食品商见过他快速地检查，并在瞬间做完乘法运算，感到十分好奇，于是食品商让人在阿奥斯塔买了一个对数规尺，但后来向我父亲提出抗议：“我的对数规尺不好用！”并非如此容易！如今这已经是一件文物了，没有任何人再拥有这样的尺子了。这是 40 年之前的物件了，现如今它是一件古代的工具。

---

1 圣女里塔（S. Rita，1381—1457）：意大利中部佩鲁贾省卡莎镇的圣女，每年 5 月 22 日是其节日。她嫁给一位崇尚暴力的男人为妻，后来成功地感化了丈夫。守寡后，她成为修女。——校者注

我还保留着我父亲的那个尺子。

泰西奥：作为文物珍品吗？

莱维：当需要快速地进行一项近似于乘法运算的时候，它比电子计算机还要快。

泰西奥：从体格上讲，你父亲是怎样的？

莱维：矮小，粗壮，十分强健。他曾经夸口在自己的一生中，从来没有去看过牙医。他从来没有从事过任何体育锻炼，却具有一个引人注目的、天生就有的健美体格，他是一个具有良好体质的男人。

泰西奥：当我们谈论你父亲的形象时，我觉得你可能没有受到过希伯来文化的教育？

莱维：那是一条中间道路。我父亲曾经十分不肯定，尽管他没有明说过。他曾经在一名犹太法学博士那里膳宿，他吸收过某些东西。不过，他吸收的首先是礼节。他在吃火腿方面有一些顾忌，但他仍然吃。我记得，少有的几次他陪我去参加了吉普尔[1]这样隆重的宗教仪式。犹太教堂。对他来说，戒斋的意思就是跳过早餐，其后在午餐时他可不少吃。因此实际上，关于宗教这个词语，从严格的意义上来说，我更想说的是，他是反传统的；而在谈话的层面上，他也不聊宗教。我记得，当时他对我说“我们是犹太人”时，我应该是四岁。我问他，他想说什么，他对我讲了一番话，但我不明白，我把犹太人这个词与书籍那个词联系在了一起，直到现在，对我来说，在书籍和犹太人之间仍然存在着一种虚假的词源学关系，我想说是虚假的词源学的关系。

泰西奥：不过两者间却有着声音的和谐……

莱维：是一种并非偶然的声音和谐，因为犹太人是一个读书的民族。所有这些事情，那个时候我还不明白，也许我父亲也并没有体会到。当然我父亲从来没有催促过我，比如在学校里指明我是一个犹太人这个事实。无论父母还是女教师，都曾经警告过我不要这样做。那个时代，在小学里开始上课时，所有的人都站起来说《天主经》，而我站起来，却不说《天主经》。我记得女教师给过我的一个爱抚的动作，她赞赏这个对多数人信仰的宗教表示尊敬的举动。而当有宗教课的时候，我和一个瓦勒度派[2]的人被请求离开，我们必须在走廊的一条

1 吉普尔（Kippar）：是用来忏悔的重要宗教仪式，时间在 9、10 月份，守斋 25 小时，古时候举行祭祀，把替罪羊或种马送到沙漠里去。——校者注

2 瓦勒度派：12 世纪创立的一个基督教派。——译者注

长凳上度过令人厌烦的一小时，等待课程的结束。

泰西奥：经历这一切时你感觉到的是厌倦或歧视吗？

莱维：这些经历会让我厌烦，但我不把它们当作歧视。

泰西奥：你与你的小学同学的关系正常吗？

莱维：在小学里极为正常。

泰西奥：然而，相反的是，后来……

莱维：好吧，我想事先声明：犹太教，作为宗教，没有传播到我身上；犹太教，作为生活方式，在某种程度上传到了我身上。因为有可能我父亲在阅读和学习方面“没有区别的”做法，是犹太人的一种世俗财产，在这方面他与他的两个兄弟有同样的才干，虽然这两位与他很不一样，但三位都互相偷书，互相告知哪本有意思的书出现了，而且他们都读法语书。我父亲还读德语书，他固执地坚持阅读叔本华，他读德语原文，虽然并不十分明白，因为他并不精通。他上过技术学校，但没上过高中，对此他不可能懂得很多。

泰西奥：不过他却怀有这个愿望。

莱维：他肯定怀有这种巨大的渴望。我记得，恰恰因为他还是一个好追求女性的人。

泰西奥：在各层含义上他都是个“会享受的人”。

莱维：是的，他竭力诱惑我母亲的女士朋友们，向她们讲述叔本华，但成果甚微。她们在背后有点儿讥笑他，有点儿把他看得像一个躁狂症患者。他有一个发现：你记得万巴[1]的《詹·布拉斯卡[2]的日记》(*Il giornalino di Gian Burrasca*)吗？那是一个剽窃品。他好奇的是没有任何人觉察到这一点，因为我的父亲在《詹·布拉斯卡的日记》出来之前，曾读过意大利语的作品，与德语的如出一辙。是有过这样一部作品，我不记得题目了，只记得其中的一些词汇：那是一个不遵守纪律的小男孩的故事，但几乎与《詹·布拉斯卡的日记》完全一样。或许值得对它进行一次小小的调查。我仅仅记得 Bube 这个词，Bube 的意思是男孩子。我妹妹和我曾经说过：“爸爸给我们读 Bube。”他一边翻译一边读。

泰西奥：剽窃的事是他告诉你们的吗？

莱维：当《詹·布拉斯卡的日记》出来时，他对我们说：

---

1 万巴（Vanba,1858—1920）：路易吉·贝尔特利（Luigi Bertelli）的假名，儿童作家。——校者注

2 詹·布拉斯卡（Gian Burrasca）系作家万巴在那部作品中塑造的一个可怕的小顽童的名字。——校者注

“这可真是抄袭的呀。”

泰西奥：你父亲是一个很可爱的人。

莱维：对许多人来说，他都是可爱的。对所有与我交谈过的人来说，他都是可爱的。他与我的关系很浅。他不是那种人们所说的很在意孩子、很亲切的父亲。他曾为我的学习成绩而自豪，但我们之间是一种父与子的关系，名副其实，一种保护、指导、参与的关系，有点儿苍白无力。

泰西奥：这么说，你没有他作为父亲的许多记忆。

莱维：当他离世的时候，我 21 岁。不，他是 1942 年去世的，当时我 23 岁。我对此没有感到很痛苦。

泰西奥：你们曾一起去溜达、闲逛吗？

莱维：没有，他憎恶闲逛，他是个城市里的男人，是个市民。他带我们溜达过，但是在波河大街；在农村，他不可能产生同我们进行一次游玩的想法。他不喜欢乡村，对大自然不感兴趣。当他来到农村——巴尔多内基亚、梅亚纳、托雷-佩利切那些通常的小乡村时，他便开始看书，或者玩纸牌。他让我们玩塔罗牌，教会了我们玩塔罗纸牌，并且求我们和他一起玩儿。我们曾经照做了，但实在提不起兴趣。

泰西奥：你们对他的依从多么少啊……

莱维：他教我们他儿时做过的游戏。他买过一个陀螺，让我们看着怎样使用。怎样让一个陀螺发挥作用，这并不容易，还有怎样用抽打陀螺的鞭子去攻击其他人的陀螺。他教我们用西洋接骨木的枝条做鞭子。

泰西奥：所谓的“鞭子”怎样发挥作用？

莱维：用一个被挖空了的接骨木的枝条，在里面塞入两个填充物，其中一个是一颗子弹，另外一个是一个压缩机，压紧压缩机，一直到子弹发射出去。

泰西奥：他不是一个可以让人完全预料到的人。

莱维：他是一个相当孩子气的人。我不相信对于我母亲来说他曾经是一个好丈夫。他是世俗的，他喜欢结伴，喜欢看戏。我母亲十分谨慎，她比我父亲小十五岁。

泰西奥：难道他们的婚姻是被撮合的吗？（请原谅我，假如问题可能显得冒失的话。）

莱维：是的，是由亲戚们介绍安排的。照人们的说法，我父亲是一个卓越的男人；他渴望有一个大好前程，正像他实际上所做到的那样。我的母亲是以极其传统的方式被培养起来的。她是否从来没有领受过这位如此出众的工程师的魅力，这我说不好。很可能是领受过的，因为她曾是一个青春少女，而他是一个有生活阅历的男人。

泰西奥：不管怎么样，你母亲都从未对你谈过这些？

莱维：没有。

泰西奥：再回到关于宗教教育的问题，你母亲的表现是不一样的吗？她更倾向于尊重犹太人的传统吗？

莱维：在传统上，她是这样；在那些宗教传统上，她并非特别接受。

泰西奥：这么说，她也并不来自一个宗教的家庭？

莱维：是很奇怪。我外祖父是一个传统的人，宗教上也是如此，他常去圣堂，并庆祝各种宗教节日。很奇怪，我的母亲没有接受这些。你也很清楚，在犹太人的传统里，女人地位不高，对女性并不寄予很多厚望。

泰西奥：假如提这个问题有意义的话，对你来说，谁为你做得更多些？

莱维：当然是我母亲，比我父亲做得更多。

泰西奥：她出现得更多？

莱维：我想说，我父亲从遗传学的角度对我施加影响，也通过榜样的作用，因为他传给了我对知识的某些渴望。他曾提供了我许多书籍，只要我表达出一种意愿，那好，书就到了。从我母亲的身上，我应该继承了某些谨慎的处世态度，但是很难谈论这些事情。我母亲还健在……

泰西奥：我们并不一定要谈论这些。

莱维：再说，事情是从外面、而并非从里面才看得更为清楚的。当然，我母亲和我，我们分享一种智慧的名声，我不知道在多大程度上可以当之无愧，因此，要有自知之明。但我父亲倾向于做力所不能及的事情。从另外的角度讲，我不知道如何解释，比如说，为什么我从事过登山运动，而从未到达过顶峰，不过，那是以一种完全轻率鲁莽的方式。我不知道这一点是从谁那里来的，甚至我想起来，当时我父亲以及我母亲完全不赞成我这样做。那是一种报复、一种叛逆……

泰西奥：也许是来自你的祖先们的，带着点儿尽管是柔弱的疯狂？

莱维：嗳，是的，有可能它来自远方。不过，我所认识的那些人，并不是那么疯狂的人，其他人的情况是通过各种消息传到我这儿的。请注意——这你是知道的——我所描述的这些祖先[1]，是在极其广泛的意义上的祖先，我还从其他人那里借用了祖先，这些“其他人”属于某个团体，属于犹太人的团体。

泰西奥：想谈一谈你的祖父母吗？

莱维：我的祖父，我从来不曾见过他。他是在我不知道的情况下自杀的。我不知道是否因为他财务上很困难。我沿用他的名字，像他一样，叫米凯莱（Michele）。

泰西奥：米凯莱？

莱维：是的，普里莫·米凯莱，两个名字。对此我什么都不知道，我找到了他的一张画像，我找到了他的毕业论文，他也是工程师。

---

1 莱维指的是《氩》（“Argon”）篇，它介绍《元素周期表》（埃诺迪出版社，都灵市，1975 年）是“一本关于化学和关于化学家的书”。《氩》恰恰是在讲述、描绘真正的和虚构的祖先们（也就是说，这些祖先不是提取于狭义上的家庭回忆，而是由更广泛的证据和叙述摘取出来的）。它是一篇有点儿疯狂和预言般的讲述，阿尔贝托·卡瓦利奥恩（Alberto Cavaglion）在杂文（随笔）《〈氩〉和皮埃蒙特的犹太文化》（“Argon e la cultura ebraica piemontese”）中给了它一个启迪性的解读——在莱维赠送的一份打字稿的基础上。见多人著：《普里奥·莱维过去时的现在时》（*Primo Levi. Il presente del passato*），阿·卡瓦利奥恩编，佛朗哥·安杰利出版社，米兰市，1991 年。

泰西奥：似乎是一种家庭传统。

莱维：我不相信他是工程师，我认为他可能在贝内瓦杰纳拥有土地，并经营、管理着那些土地。关于自杀，我一无所知，我也从不想知道。至于我的祖母，我在《元素周期表》里描写过她，没有多少要增补的内容，她不是一个讨人喜欢的女人。我有些拍摄于19世纪末的她的照片，我还能在某些地方、某些角落找到。她很漂亮，后来她又与一个信奉基督教的医生再婚了。不同宗教信仰的人通婚那时比现在更为常见。她曾让我感到很害怕。

泰西奥：那时不同宗教信仰的人通婚比现在更经常发生？

莱维：是的，自由化创造了一种思想观念的开放。我听人们讲过，许多亲戚都是与不同宗教信仰的人通婚的。

泰西奥：你说现在不再如此了？

莱维：我说不好，我没有数据。在战后以及有了种族法令之后，绝对是这样的。种族法重又将犹太教封闭于自身内部。他们不会有在犹太人圈子之外结婚的念头。或者说这种念头只会出现在少数人的头脑里。

泰西奥：你父亲的两个兄弟曾经做过什么？

莱维：一个是眼科医生，他也是一个享受生活的人。他们三个都是如此。他娶了一个很不安静的女人，很不安宁……

泰西奥：他们叫什么名字？

莱维：我父亲叫切萨雷，那个当眼科医生的叫马里奥，做证券经纪人的叫恩里科。恩里科住在热那亚市，他也是一个十分不安宁的人。他是三个兄弟之中学问最少的一个，因为他大学没有毕业，但他同样自己建立了一个非常好的图书馆，里面甚至包括稀有的书籍，他读过很多书。

泰西奥：这是一个永恒不变的现象。

莱维：在我的父系家族里，这是一个永恒不变的现象。

泰西奥：那从母亲这边讲呢？

莱维：我的外祖父是一位子孙满堂的家长，他也叫切萨雷，姓萨尔蒂。他曾是个体型巨大的人，过度肥胖，是一位极其能干的商人。他曾在一家纺织品商店里当售货员，后来他在罗马大街接办了一家商店，并且成功经营了很多年。他是一个富有的人，曾在皮奥萨斯科购买了一套别墅，我们出入那里多年。他有六个孩子，我母亲是长女。

泰西奥：不好意思，请容许我打断一下，你的父亲与他的兄弟相比，他是……

莱维：他也是第一个孩子，是长子。相传，我叫普里莫[1]，因为我是年纪最长的两个儿女生的第一个孙子。

泰西奥：萨尔蒂娣爷的六个孩子？你想聊聊他们吗？

莱维：是的，那当然。第一个是我母亲，她是一名家庭妇女，按照传统，是家里的“女王”。从我妻子的角度来讲，她住在这里，有我母亲在场，她并非没有痛苦，因此，当我母亲应该让位的时候，我妻子便成了家里的“女王”。第二个女儿叫伊达，她还活着，有 90 岁了。第三个女儿是学校老师，她在战争期间移居到了巴西，她叫内拉，是一位极其活跃的女人，活泼开朗，讨人喜欢。她死于肿瘤。

泰西奥：那时她多大岁数？

莱维：在 55 岁上下。第四个是男孩，名字叫科拉多，是几年前辞世的。关于这个，值得讲一下。

泰西奥：他也是老年去世的吗？

---

1 Primo 在意大利语中可做序数词，意思是第一。——译者注

莱维：相当老离世的。这是个很引人注目的人，科拉多没有求过学，因为他拒绝学习。虽然如此，他却学会了演奏各种可能接触到的乐器，马马虎虎地能讲很多种语言。他在罗马服过兵役，那时他很出名，因为在允许的时间里，他去电影院里弹奏钢琴。他什么都能演奏，即兴演奏。因为阴差阳错的一瞬间，他躲过了第一次世界大战，他出生于 1900 年，当时他 17 岁，他与他的父亲在一家纺织品商店当售货员。不过，他曾是都灵这里的电影摄影方面的开拓先锋之一，他是帕斯特洛纳[1]的朋友，同帕斯特洛纳一起工作，做影片中的特效，偶尔也当演员。所有人都是什么都做一点儿。他有一架“百代宝贝”（Pathé-Baby）摄影机，他制作过一部电影，并邀请朋友和亲戚们合作。他曾对我讲述，《末日庞贝》（*Ultimi giorni di Pompei*）中的火山就是他制作的……电影中看起来它是如此庞大，但它只是一个小模型。科拉多还曾是无线广播电台的开拓者之一。纯粹是因为思绪混乱以及不遵守纪律，他没有与广播电台的头面人物联手，不过他制造过一些矿石收音机，并加以使用。他曾经让我看过那些收音机，他有一个自己的工厂作坊。他还是一个爱冒险的人，他从事过——那个时候旅游尚不流行——危险的登山活动，他还非常会游泳，而且很快就有了首批摩托车中的一辆，而我外祖父曾经答应给他买辆汽车，假如我母亲的第一个孩子是男性的话。因为我是男的，

---

1 乔瓦尼·帕斯特洛纳（Giovanni Pastrone，1882—1959）：意大利电影导演、编剧和演员，新现实主义的代表人物，代表作有《卡比利亚》（1914）等。——译者注

他能有一辆汽车是由于我的功劳。

泰西奥：关于这个，他对你心怀感激吗？

莱维：是的，他对我心怀感激，他经常带着我。但后来他又换过多辆汽车。

泰西奥：第五个呢？

莱维：第五个兄弟是第四个的影子。关于他，可以说的很少。他叫古斯塔沃。他命中注定要学习，可是他并没有学习很多。他是唯一报名上初中的，但他学了一年就停止了。他是一个幻影，一个十分温顺的人，他总是想方设法地模仿哥哥，却没有获得成功。他被多次派去乘船旅游，为的是找个老婆。他也在几年前去世了。第六个姐妹现在还活着，她永远非常灵巧和活泼，或许是六个兄弟姐妹中最聪明的。但她很快就遗憾地成了寡妇，此前她及时地生下了两个孩子，然后就成了寡妇。她做过所有自己力所能及的工作，勇敢地拉扯大了这两个孩子，在战争期间，她必须把他们藏起来，自己也必须躲藏起来。当时这两个孩子只有八九岁，教育他们不要说自己姓“赛格雷”[1]是十分困难的。不管怎么说，她和她的两个儿子都幸存下来，现在

1　赛格雷（Segre）是犹太人的姓氏。——译者注

她已经远离我们四年了。

泰西奥：你还能见到她吗？

莱维：是的，我还能见到她。

泰西奥：她头脑还仍然清晰，还挺活跃吗？

莱维：是的，她的头脑非常清楚。

泰西奥：这么说，她有鲜活的记忆。

莱维：是的，她有对家庭的回忆。

泰西奥：从她那里你能获取……

莱维：已经获得过了，因为她热情地参加过一次电视节目，后来在卡拉乔洛的节目里被剪掉了。她在这个节目里被拍摄进去了，但后来他们把她的部分再次剪掉了，她那时很漂亮。

泰西奥：我很感兴趣地向你询问这个，因为我很想听到家庭里的其他声音……

莱维：现在可能不是时候，因为她的一条腿上有一种严重的关节病。

泰西奥：我没说马上，也许晚些时候……

莱维：可惜的是，这些记忆都储存在难以再承受它们的人的身上了。好吧，我母亲还记得事情，但她没有愿望，她疲惫了。我关于家庭信息的一个来源——主要来源中的一个——是她的第二个姐妹伊达的丈夫。他也是从犹太法学博士的位置上退休下来的，他记得的事情多极了。他向我讲述过许多的奇闻逸事，然后我再加以重述。他过的是一种充满好奇的生活，因为他属于韦纳斯卡唯一的一个犹太人家庭，这个地方在通向瓦尔·瓦拉依塔山谷的路上，靠近萨卢佐市。当初他过着与他同龄的男孩子一样的生活，虽然他是犹太人。也就是说，他常常骑着自行车去远足，去山上游玩，去找女人，除了庆祝节日之外，因为在他的家庭里，庆贺节日是规定好的。他曾是一个漂亮的男人，人们讲述过他追求女性的各种段子。他参加过第一次世界大战，得过疟疾……

泰西奥：总而言之，在你们的家庭里，存在着这种文化上、知识上的好奇心。

莱维：是的。

泰西奥：我觉得，就科技禀性方面，也是这样。你，比如说，你记得，你父亲更喜欢凡尔纳[1]，而不是萨尔加里[2]。

莱维：是的，那当然，凡尔纳更为严肃。

泰西奥：假如我们从这里出发，去回忆你的童年呢？对于你的童年，你保留着什么记忆？

莱维：我有着极为遥远的记忆，我有一个几乎肯定是一年生活的记忆，一个我能够控制的记忆，记得那时我一岁，是在托雷–佩利切，他们当着我的面捣毁了一个蚂蚁窝，我不知道如何核查这段记忆，但是我可以肯定，是在那里，在托雷–佩利切，而我应该是一岁。我有许多不连贯的记忆。举例说，有一次，我一只手上有一块皮肤擦伤了，一位农妇说："多奇怪呀！"而我问妈妈："'多奇怪呀'是什么意思？"我曾经有一些玩耍时的女伴，后来却再也看不见她们了。对于童年，我有一些滞后的记忆，我的童年，我不知道该说它有多么幸福，但它是平静的，平静到十四五岁为止。

泰西奥：你提到托雷–佩利切、巴尔多内基亚、梅亚纳的

---

1 凡尔纳（Jules Verne，1828—1905）：法国冒险小说家，作品富科幻小说色彩，著作有《80天环游世界》（1873）、《神秘之岛》（1874）等。——校者注

2 萨尔加里（Emilio Salgari，1863—1911）：意大利冒险小说家，著有《马来西亚海盗》（1896）等作品。——校者注

乡村。你们每年都要更换一下地点吗？你们是租房住的？你们有一处房子吗？

莱维：是的，我们曾租过一处房子，一个住所。乡村生活延续了三个月。

泰西奥：这么说，你的童年时期分成了两个部分：乡村的时期，以及在城市里上学的时期？

莱维：我差不多只记得农村，因为学校是单调乏味的。是的，我差不多只记得乡村，我相当清楚地记得托雷-佩利切，我也记得巴尔多内基亚，记得梅亚纳。

泰西奥：你曾经回到过你的乡村吗？

莱维：是的，我发现它们比我记得的更小些。正如已经发生的那样，现在这些地方彻底地改变了。

泰西奥：不过，某些片段还会留下来吧。

莱维：是的，某些碎片留了下来，景色风光留了下来。

泰西奥：但是，会有那么一件事会让你说“哦，这个我确实记得”吗？

莱维：巴尔多内基亚山脉。

泰西奥：还记得哪些道路、角落、特殊的地方？

莱维：我回去的次数是如此之少。

泰西奥：你不会有思乡之苦吗？

莱维：不会。

泰西奥：你们是怎么选择乡村的？

莱维：乡村被选中是基于铁路的缘故。我父亲忍受不了都灵的炎热，他竭力寻找晚上都能到达的乡村。因为只有开到托雷-佩利切、巴尔多内基亚、苏萨山谷的火车，于是选择便落到了那些地方。

泰西奥：我问你这个，因为我在想克罗齐[1]在梅亚纳的逗留……

莱维：铁路方便这是事实，对所有的人都一样。火车站在那里，不是在苏萨。

---

1 贝奈戴托·克罗齐（Benedetto Croce，1866—1954）：意大利哲学家。——译者注

泰西奥：根本没有汽车。

莱维：实际上，就连富裕的家庭也都不是乘汽车来的，那时还没有像样的基础设施，如汽车修理库、汽车加油站。为了有一辆汽车，必须得十分大胆，还必须得有司机。

泰西奥：你与其他人玩耍吗？在家庭里你同谁一起玩？

莱维：我妹妹是我主要的伙伴。

泰西奥：你们年龄相差多少？

莱维：相差一岁半。

泰西奥：她叫什么名字？

莱维：安娜·玛丽亚。

泰西奥：一岁半的差距适合在一起玩，不是吗？

莱维：非常合适，我们有过共同的童年，亲密无间，我们拥有一大堆的回忆。我们记得互相说过的话、做过的事，以及遇到过的人，这是一种从来没有中断的关系。

泰西奥：在我看来值得注意的是记忆的丰富。

莱维：我们有着大量回忆，是的，不过我已经使用得太多了，几乎已经全部用来澄清以往的经历；几乎没有给我剩下什么回忆了。

泰西奥：在我看来却不是这样。

莱维：我觉得自己好像是说了所有可以说的，但我应该补充一些东西、一些事件。当时我是一个讨人厌的男孩子，总是感冒、嗓子痛、胃痛，一件事接着一件事，以至于我的家人决定让我进入私立初级中学的一年级。我的老师是奇诺·奇尼[1]的女儿玛丽萨·奇尼，教授文学以及数学，一个可爱的人。

泰西奥：对此我们应该谈一下，小学里所有的经历都可以谈一谈。

莱维：小学！我曾经长期是班上的第二名。

---

1 奇诺·奇尼（Zino Zini，1868—1937）：实证主义道德哲学家，赞成社会主义（作为社会主义者，他在1906—1919年曾是都灵区的议员），从事达尔文主义、马克思主义、犯罪人类学的研究（但也关心诗歌，《诗歌和真理》是1926年他写的一个文本），他也曾经是都灵大学伦理哲学的一名讲师。奇尼也是《人民报》《报刊》《前进！》以及葛兰西的《新秩序》的合作者。他曾在达泽利奥高中教授历史和哲学，直到1934—1935学年为止，这里所谈到的玛丽亚·路易莎（玛丽萨）·奇尼，则是从1930年10月31日开始在达泽利奥初级中学里担任文学教员。

泰西奥： 你在六岁时就正式上学了？

莱维： 是的，在六岁时。

泰西奥： 谁知道为什么我会以为你是提前了一年。

莱维： 没有，是出于健康的原因，因为我没说我是一个多病的孩子，但我老生病，我还弱不禁风。我的妹妹，当然年纪比我小，却长得比我还高。

泰西奥： 因此，她问题比较少。

莱维： 是的，她问题较少。那是一段充满厌烦的经历，因为他们教我的一些东西都是我已经知道的。

泰西奥： 你那时常去哪里？

莱维： 去里尼恩，在马赛纳大街。

泰西奥： 读了整整五年吗？

莱维： 四年，因为五年级我跳过去了。

泰西奥： 一直是同一位女教师吗？

莱维：不是，我还有过一位愚蠢又令人讨厌的男老师。

泰西奥：你记得他的名字吗？

莱维：不，我不记得了。

泰西奥：是年轻的还是年老的？

莱维：我觉得好像非常老。当时他可能有 40 岁。

泰西奥：为什么你觉得他愚蠢又讨厌？

莱维：有一个特别的理由。我记得十分清楚，我向他提出过一个问题：我问他，一个强壮的男人是否能够横着扔掷一块石头，而他回答我说可以，他又在黑板上画了一条直线的图，最后说道："不过，后来它掉落下来。"这是不真实的、不可能的。就是世界上最强健的男人也不可能横着投掷出一块石头。我本来就知道是如此，因此我当时是在考验他。

泰西奥：你是挑衅他。

莱维：是的，我挑衅了他。但我不记得其他事情了。我只记得，课堂都是乏味的。

泰西奥：你的好感和反感都特别明显吗？

莱维：对教我的女教师，我有着一种强烈的好感，对于女教师埃米丽亚·格拉乌达，她在几年之前去世了。她当时非常老了，她是个天使般的人。她还穿着长裙，几乎盖住踝骨。

泰西奥：那么，她对你成为作家有过帮助？

莱维：是的，是的，她用她绝妙的字体给我写过信。

泰西奥：关于她，你想对我多谈一点吗？

莱维：我不能说得很多，除了告诉你，她是一位极为亲切、耐心的人，一位《爱的教育》中一样的女老师，一位献身于这个使命的老师。她是未婚女子。

泰西奥：那时她还年轻？

莱维：她当时大概有 35 岁吧。

泰西奥：你小学时的成绩怎样？

莱维：就像我已经对你说过的那样，我是班上的第二名，我总是取得好的分数。

泰西奥：第一名是谁呢？你还记得他吗？

莱维：是的，他叫阿尔多·孔蒂。没几年前，我还遇见过他。一个优秀的男孩子，非常出众，特别聪明。

泰西奥：你在整个四年中都是第二名？

莱维：是的，整整四年当中。

泰西奥：永恒的第二名。

莱维：是的，但并不是我竭力想当第二名。

泰西奥：你的反应如何？在这方面你有怎样的记忆？

莱维：唯一有的就是厌烦。

泰西奥：我猜你保存着成绩单。

莱维：没有，我从来没有保存过它们。我觉得，好像都得交回去的。在成绩单上没有分数，但是有“优秀”“及格”等评语。我摇摆于“优秀”与“良好”之间。

泰西奥：你更喜欢的学科是什么？

莱维：我记不清楚了……

泰西奥：历史呢？

莱维：不喜欢，历史，我恨它。遗憾的是，我始终憎恨它，直到现在我还是不了解历史。地理，我稍微感兴趣一点。我记得这样一件事，是发生在一年级或者二年级，我觉得好像是检查一个短句……也许是在二年级，是的。他们对我说，要写出六个关于太阳的短句，我写了压缩成一个句子的六个短句。我写道："太阳照耀着，温暖着，太阳是天空最闪耀的行星……"我记不清楚其他的了。女老师让我注意到，短句的意思就是句子，因此我只做了一个。我被迫写出其他五个短句，这十分困难。

泰西奥：词语上的节省……

莱维：我还记得我在点逗号时所遇到的困难，因为我试图点出如同出版的书籍里面的逗号，也就是一个句号加上一个尾巴。我点的逗号极大，因为我竭力把它们重新复制成出版的书的书写形式。我在上学之前已经开始阅读了，当我上小学的时候，我已经学会看书了。

泰西奥：说不定烦恼也来自这里。

莱维：是的，我已经学会阅读了，因为我的母亲和父亲曾经教过我。我有着把一切教给我妹妹的热情，但没有得到好的回报，她对此毫不在乎，这对她无关紧要。她比我还喜欢运动，也比我更活泼，她厌烦听我说话。她根本就不听我的，还会对我做怪相。

泰西奥：后来你妹妹做了什么？

莱维：她也上了初中和高中，但她的高中经历因种族法令被中断了。之后她完成了犹太高中，战后她大学毕业，最终获得文学及艺术史的博士学位。

泰西奥：她后来教过书吗？

莱维：没有，她从未教过书。她受雇于奥利韦蒂公司[1]，专注于抽丝模。

泰西奥：我很想回到你们的女佣上，刚才我们注意到了别的而放弃了这个话题。你曾经对我说过，她很可爱。

莱维：她是一位非常善良的妇女。有一年或两年时间，我们曾经睡在同一个房间里。

1 奥利韦蒂公司：一家生产打字机的公司。——译者注

泰西奥：你记得她的名字吗？

莱维：西尔维亚·梅内盖蒂。

泰西奥：她是都灵人吗？

莱维：不是，她是菲奥伦佐拉·迪阿尔达人。她是圣女里塔的虔诚教徒，她甚至参与了圣女里塔教堂的建造，为教堂送去了她微薄的捐款。她在晚上做祷告，跪下祈祷。

泰西奥：她在你们那里待了多少年？

莱维：从我记得开始，至少从 1924 年到 1934 年，10 年时间。

泰西奥：在她之后，你们没有其他的用人了吗？

莱维：后来我父亲生病了，他长了一个肿瘤，必须动手术，我们必须雇一个女护工，西尔维亚·梅内盖蒂就被解雇了。我们有了另外一个女佣，她什么事都做，一直跟着我们，直到她做不动了为止。

泰西奥：她怎么都没法取代那个梅内盖蒂。

莱维：她是一个精力十分充沛的威尼托[1]人。

泰西奥：梅内盖蒂当时年迈还是年轻？

莱维：在我看来，好像很老了，她大约有55岁到60岁的样子。

泰西奥：后来的那位更年轻吗？

莱维：是的，更年轻。

泰西奥：你愿意再继续聊一会儿小学的话题吗？我猜班级里人数很多吧。

莱维：我们当时是三十五个人。

泰西奥：你说你反感历史，那么算术呢？

莱维：我相当喜欢算术。我喜欢独自做算术游戏。我注意到，任意写一个尽量长的数字，然后将数字颠倒过来写，两个相加，可以得到九的倍数，但我没有力图明白这是为什么。[2]

---

1 威尼托为一个大区，首府为著名的水城威尼斯。——译者注
2 原文如此。——编者注

泰西奥：你是靠直觉发现这一点的吗？

莱维：我是经过多次游戏，才发现的。

泰西奥：你做数字游戏。

莱维：是的。

泰西奥：那自然科学呢？

莱维：它们被缩减了，他们不教自然科学。我感兴趣，但他们不教自然科学。

泰西奥：你在自己身上发现有某些早熟，还是你觉得自己就和其他孩子一样？

莱维：没有，我是最纤弱的一个，个子最小，除了长期是第二名之外，我还是个头儿最小的。因此，体操课列队时我始终排在头上，这是羞辱我的事情。

泰西奥：不过，你说没有与你身为犹太人相关的歧视。

莱维：我没感觉到，不记得任何事件。

泰西奥：但你注意到了与自己体格有关的一个区别。

莱维：与别人对比，是的，为此我痛苦了很久。

泰西奥：是你要这样生活，还是你记得某个人让你做如此权衡？

莱维：在初中是这样，在小学不是，因为小学还是有一些贫穷的孩子。曾经有一个佝偻病患者，总而言之，有一些穷困的人。在初中，体质如此纤弱的事实让我感到压力很大。

泰西奥：你先前说你用做数字游戏。也做文字游戏吗？

莱维：也做文字游戏。

泰西奥：关于书籍的篇章，你记得某些特别的事件、儿童小报或连环画吗？

莱维：那时候没有连环画，有《幼儿邮报》，它几乎是我们必读的。所有的家庭里都有，我会从第一页读到最后一页，我乐在其中。关于小学，我为了跳过五年级，曾做过某些努力，这也是我的幸运之处，因为假如我没有跳过五年级的话，后来由于种族法令，我可能会被隔绝孤立起来。

泰西奥：但你跳过五年级，是因为厌烦还是别的什么？

莱维：不是，是我父亲和我母亲，他们决定让我跳过五年级。

泰西奥：这么说，你是作为在里廖恩的私立学校的学生，经过考试后，才过渡到初中的？

莱维：是的，在达泽利奥。正像我对你说的那样，初中一年级我是在私底下靠自己完成的。

泰西奥：当然了，是同玛丽萨·奇尼一起，她为你上课。但是通过初中，我们已经进入了另一个范畴。我们还是再稍稍停留在童年时代，停留在童年书籍的篇章。比方说，《爱的教育》这本书，你读过吗？

莱维：《爱的教育》这本书，是他们作为奖品赠送给我的，我不记得是在哪个班级了，是发给最优秀学生的奖品。它给我留下一个并不十分深刻的印象，它没有感动我，我并不非常信服，也就没有把它放在心上。

泰西奥：你那时是一个容易被感动的孩子吗？

莱维：我是一个非常敏感的孩子。我记得一件事情：当从报纸上读到诺比莱在北极的结局时[1]，我号啕大哭。一艘飞艇沉到了海底，里面还有活着的人，他们敲打飞艇的内壁，但无法获救，这件事给我留下极其深刻的印象，甚至令我落泪。我那时特别害怕骷髅，画有骷髅头骨的书籍使我产生生理上的厌恶。

泰西奥：你记得其他能回忆起童年的书籍吗？

莱维：我记得书名，记得一本《弗利克或者在一个马戏团里的三个月》。这是我在上学之前就读过的。我还读过《木偶奇遇记》，感觉挺好玩的。

泰西奥：那时你读书很多还是很少？

莱维：我一直读书，我手中始终会有一本父亲提供给我的书。

泰西奥：咱们活跃一下，你说过你是出生在这里，在家里。

莱维：我有一段令我感到好奇的记忆，很可能与我妹妹的出生有关，那么，我当时大概只有一岁半的样子。这是一段

1　此处指 1928 年翁贝托·诺比莱（Umberto Nobile）将军驾驶“意大利”号飞艇去北极完成使命的事件。——译者注

混乱的记忆，我记得某个人把我抱在怀里，在挂毯前把我举起来，又把我放下，而我看见挂毯在动。我母亲从来没有生过病，假如我母亲当时是躺在床上，那大概是因为分娩才卧床的。

泰西奥：你们家有如此众多的亲属，在家里经常会有亲戚聚会，以及来往走动吗？

莱维：是的，那是一个庞大的家庭。我母亲的兄弟姐妹经常来往，他们来看望我们，我们也去他们的家里。星期日，所有的外孙辈去我外祖父母的家里团聚已成礼节，开始只是一群外孙子、外孙女，后来增加到十一个人。舅舅，那位搞电影的，组织过当地的电影院，后来他又在走廊里放映过电影，我也不知道这些影片他是从哪里租来的，放映完电影，他又驾车送我们回家，有几次还乘过四轮马车。不过，只有一公里之遥，因此，也不算很远。

泰西奥：这些都不是发生在波河大街？

莱维：不是，在波河大街上的是我祖父母的家。我外祖父母住在维托里奥大街，翁贝托国王大街的拐角。那位舅舅用汽车送我们回家，那永远都是一场斗争，我们永远都愿意是最后一个被送回去的。这样就能走更长的路程。

泰西奥：你们的住宅是你父亲购置的吗？

莱维：不是他的，是我母亲的嫁妆。那是结婚的礼物，我母亲的嫁妆。

泰西奥：那时这里都是草坪吗？

莱维：是的，当时几乎全是草地。这儿附近有里廖恩别墅。我模模糊糊地记得，人们可以去毛里齐亚诺那边不远处看火车，曾经有一个平面交叉的道口。

泰西奥：你认为自己具有哪种类型的记忆力？视觉上的？还是听觉上的？

莱维：我有一种无特殊性的记忆力，一种部分是视觉上的，部分是对讲过的事物和听说过的东西的记忆力。奶妈、保姆都曾经说过："不要接触毛茛属植物，它们会让你掉指甲。"另外，马铃薯会让人腰背痛。你知道为什么吗？这是一个文字游戏：让人腰背痛，因为必须弯下腰身以便捡起它们。

泰西奥：我们看看，是否还能找到其他一些记忆？

莱维：有初中的，假如你感兴趣的话。

泰西奥：那当然。

莱维：我当时是 10 岁到 11 岁的样子，我收集邮票，我有些伙伴……

泰西奥：在你私底下学习的那年之后，你已经进入了初中。

莱维：是的，我在一年级时，曾有一个女老师，其实应该说在二年级和三年级，因为我没有上过一年级。那是一个聪明却恶毒的女老师。

泰西奥：我们是在谈论从前的大学预科，也就是相当于目前中学学生的年龄段。

莱维：那时有初级中学和高级中学，是三年加上两年。

泰西奥：因此，我们正在谈的是预科阶段。

莱维：是的，我曾经有一位聪明的女教师，我不说她恶毒，而说她不怀好意。她是一个相当年轻的女人，老是盯着我。我记得，由于我在初中里表现得很棒，我成为把别人甩开很远的绝对的第一名，于是她对我说："在这间教室里，他们将放上一块石碑，上面写着：普里莫·莱维在这里学习过。"这件事造成了一个令人好奇的印象。

泰西奥：这个女教师叫什么名字？

莱维：叫玛丽亚·博尔戈尼奥。

泰西奥：但我知道她是谁，她叫安娜·博尔戈尼奥。

莱维：也许是安娜……

泰西奥：她生活在罗马，写过一本小说《失去的城市》，我还给这本书写过评论。她是作家维托里奥·阿克蒂斯（阿米尔卡雷·索尔费里尼）的孙女，在书里她讲述了童年、法西斯时期，以及作为不驯服的民主派的教师曾有过的困难。

莱维：是的，她不是法西斯分子。不管怎样，她总是盯着我。她故意把我放在最笨的学生旁边，我不知道是出于什么原因。

泰西奥：当然了，从小说中摘取的情况来看，她不是个倾向于温情主义的女人。

莱维：在《这是不是个人》出版之后，她给我写过一封信，为的是询问我，那个普里莫·莱维是不是她当初的学生，那个曾用一种极为细小的、难以辨认的字体写过一些作文的学生，我回答她说，那正是我，但我相信那封信寄丢了。

泰西奥：不管怎样，她搬家到了罗马。

莱维：是的，她那时在罗马，并且当了图书馆管理员，我不知道具体在哪儿。也许她是安娜·博尔戈尼奥……

泰西奥：是的，是安娜·博尔戈尼奥。

莱维：她把我的座位安排在班上最笨的学生旁边，为的是看看会发生什么情况。她喜欢做这种试验。后来，由于那是一个男女孩子混合的班级，她又让我靠近女孩子坐，以便看看会发生什么事情。她做过这些尝试……

泰西奥：那发生了什么事情呢？

莱维：什么也没有发生。我那时极为胆怯，缩手缩脚的，总爱脸红。我很清楚地记得一件事。当时人们在讲着吝啬，某个吝啬鬼……一个人从课堂的尽头说“总之，一个犹太人”，而博尔戈尼奥则表现出强烈的愤慨，她对那个人说：“这些事情是不许说的。”

泰西奥：她教什么课程？

莱维： 她教意大利语、拉丁语、历史和地理。

泰西奥： 其他教师呢？

莱维： 我有过一位讨厌到极点的数学老师，他不懂教书，也并不优秀。我在拉丁语方面很棒，我十分喜欢拉丁语。我是一个“语法学家”，我喜欢拉丁语的语法，那时我就已经对意大利语词汇的词源学感兴趣了。我让人送了我一本词源学字典。不过，我会写出一些好的作文，当中甚至涉及虚构，也就是说一些有创造性的作文；而当涉及批评，也就是评论诗歌时，我写出的作文就很糟糕。我对诗歌绝对没有兴趣。它们经常会黏在我的头脑里，卡尔杜齐的诗、帕斯科利的诗[1]，我都记得住。诗句粘在脑袋里，但我并不喜欢。

泰西奥： 而在创造性的作文里……

莱维： 我很优秀，我写过一些饶有趣味的作文。

泰西奥： 你没有保存那个时代的任何东西吗？

莱维： 什么也没有。

1 卡尔杜齐（Giosue Carducci，1835—1907）和帕斯科利（Giovanni Pascdi，1855—1912）均为意大利著名诗人。——译者注

泰西奥：一些照片呢？

莱维：一些罕见的照片。我应该说……好吧，是的，一本给我留下深刻印象的书出现在我的脑海里，我读过耶罗梅[1]的作品《三个闲逛的男人》，还有《小船上的三个男人》，我不自觉地竭力在写作中模仿他。

泰西奥：你模仿他的幽默……

莱维：是的，我无意识地在模仿他。

泰西奥：那么你成功了吗？

莱维：哎，怎么说呢，是的，关于作文，当初在初中时我得过十分。而在高中时，当涉及曼佐尼、阿里奥斯托[2]的作文题时，那就不是我的份儿了。

泰西奥：继续谈教师的话题，你记得数学老师的名字吗？

---

1 耶罗梅（Klapka Jerome，1859—1927）：英国幽默小说家。——校者注

2 亚历山德罗·曼佐尼（Alessandro Manzoni，1785—1873）为意大利的著名作家，其代表作为长篇历史小说《约婚夫妇》（*I promessi Sposi*）。路德维柯·阿里奥斯托（Ludovico Ariosto，1474—1533）为意大利文艺复兴时期的著名诗人，其代表作为《疯狂的罗兰》（*Orlando Furioso*）。——译者注

莱维：是的，他姓潘多尔菲。

泰西奥：名字呢？

莱维：不记得了。

泰西奥：关于博尔戈尼奥[1]，还有什么其他的发现吗？

莱维：我的同学中，比我进步的人怀有恶意地谈论过博尔戈尼奥。她做过一些影射，她并没有她表现出来的那样纯洁。当然，她是一个聪明的女人。

泰西奥：文学、数学、希腊语还没谈。体育课呢？

莱维：那个时期的体育课是被法西斯主义垄断的。

泰西奥：但是在学校里是有体育课的。

莱维：是的，教体育的老师是一个法西斯党的党魁，但他是一个已经上了岁数的可怜家伙，他不会做体操。他让人竞

1 安娜·博尔戈尼奥那时候三十二岁，是初中二年级和三年级的文学教师，她的品格被记叙在1981年于潘出版发行的小说《失去的城市》中，虽然叙事顺序颠倒了。在这本书中——后来由于她迁居到罗马，做了图书馆管理员——她描绘了自己带着自豪与严谨，怀着独立自主和反对知识分子随波逐流的深刻意识而度过的一种生活。

走，跑步，做跳跃运动。我那时候有点纤弱，但相当敏捷。

泰西奥：其他课程呢？图画课？

莱维：当时没有图画课，有几何课，画几何图形。我从未学过画图。

泰西奥：对这所中学，你连记分册也没有保留？

莱维：没有，什么都没有保留。

泰西奥：对于自己的东西，你不是一个好的保存者。

莱维：不是。但是除了这一点，你知道，这中间经历了战争，谁知道有多少东西都被丢失了。

泰西奥：还因为后来你们所有人都不得不躲藏起来。

莱维：我那时被关进集中营，我母亲被迫躲藏起来，她必须把自己的东西分散藏在信基督教的朋友们那里，这些人事后把一部分东西归还了她，还有一部分他们自己保存了下来，书籍散落到许多不同的地方了……

泰西奥：这就是为什么你童年时期的书，你都没有了。

莱维：除了少数一些。

泰西奥：你还保存了一些吗？

莱维：我还有一些，我保存了二十来本。你看那上头顶部，左边的高处，那一排重新装订过的书，那里面曾有我父亲的书籍，不知道后来都去了哪里。

泰西奥：以你父亲看过的书籍的数量，他本该有一个很好的图书馆。

莱维：一个很好的图书馆，是的。

泰西奥：但书都散失了。

莱维：有十分之九都下落不明了。

泰西奥：对于这个损失，你从来都不抱怨吗？

莱维：可是，即使保留下来的书籍，也全部被毁坏了，它们遭遇了雨水。它们是回忆，是文物珍品。

泰西奥：对于中学的同学，你有些记忆吗？

莱维：一个是费尔南达·皮瓦诺。

泰西奥：是结伙的同伴吗？

莱维：我没和费尔南达·皮瓦诺结过伙儿，因为她特爱摆架子，她比我年长。

泰西奥：皮瓦诺性格怪诞吗？

莱维：不仅性格怪诞，正像人们所说的，她已经发育了，而我还没有。整个初中和高中阶段，她都跟我同班，整整四年的时间：五年减去一年。不，我和皮瓦诺，从来都没有相互信任过。其他的人，我在这一路上都失去了，现在有时候还能碰上某一个。

泰西奥：你没有和任何朋友保持密切的关系，与他更长些时间地待在一起，比如一起度过某个下午吗？

莱维：这方面，我有过一个。但是，我们一会儿再说，因为他遭受了一次厄运。追溯到初中时，他是在与我平行的班级，也是犹太人。我们感到彼此成了朋友，我们一起做过许多事情。现在他得了一种精神病，一件十分令人伤心的事情。

泰西奥：你的自由时间怎样度过？当时已经开始爬山

了吗？

莱维：爬山那时是家庭式的。在初中时代，它是家庭的活动。总之，所有人都去，我父亲除外。

泰西奥：他晚上到……

莱维：我父亲不去，他不喜欢走路，但我母亲让我们走路，她喜欢爬山。那是一些小型郊游，在托雷–佩利切附近的安格罗尼亚河里游泳，在草地上游玩。我母亲在辨认植物方面有某种天赋，她教给我们植物的名称，尤其是我妹妹。我和我妹妹有着极为亲密的关系。我用蚂蚁做些游戏，也就是说，我试图看一下处于困难之中的一只蚂蚁如何摆脱困境，但我从来不会伤害它。我设置一些障碍，在一只蚂蚁身上放上一片带一个洞的叶子，蚂蚁被迫从孔洞中钻出来，然后爬到叶片上，于是我再用一段干树枝把叶片放到一个水盆里让它浮着，为的是看看蚂蚁是否能够重新找到干树枝。我养着小蝌蚪，我讲过这个了……

泰西奥：你做过小实验，你应用过实验方法。

莱维：不是，不过我很早就读过达尔文，说不清是什么时候了。我还保存着那个版本的达尔文的书，也许我是在十五六岁时读它的。

泰西奥：你以那种方式观察选择是怎样诞生的。

莱维：是的，它让我印象非常深刻。首先是推理的力量。

泰西奥：不过，我们实际上一直围绕着高中一年级发生的事了。

莱维：是的。

泰西奥：那你后来有见过皮瓦诺吗？

莱维：是的，我见过她一次。有一次我去参加她的一个演讲会，让她认出了我。最近她还遣人来问候我。

泰西奥：她写了一本小说。

莱维：是的，她写了一本小说，但是我没有读过。

泰西奥：还是来谈谈教师们。在初中，你的老师始终没变过吗？

莱维：博尔戈尼奥，在中学的初级阶段有两年时间，她是我的老师；后来在高级阶段，我有一个非常令人讨厌的老师，他姓塔韦尔纳，名字我不记得了。他十分生硬，教书能力很差，对孩子们没有爱心。他很严厉，我对他印象很坏。我记得我和同学们一起，我们曾经挖空心思地想出最为凶狠的折磨来惩罚他的冷漠无情。他教授意大利语、拉丁语、希腊语、历史和地理。

泰西奥：从初中过渡到高中，你受罪了吗？

莱维：怎么说呢，为了博尔戈尼奥，是难受过，因为她是一个女人，跟她的相处还有一点类似从母亲的怀里出来；而另一个是男人。总之，对我而言是又开始了一个困难的阶段，因为我的同学们开始对姑娘们感兴趣，对性产生兴趣，而我在这方面特别滞后，我强烈地感受到了压抑，我强烈地滞后了。于是我向自己做出一个古怪的誓言，从达尔文主义出发，我说道：情况有两种，要么我适合繁殖，要么不适合。假如我不适合，没什么，我不想以任何方式采取措施；假如我适合，那将由自己发育，自己诞生，自己到来。

泰西奥：在我看来，这是一个成熟的推理。

莱维：我应该说，从那时开始，我便进入了那个痛苦的时期，它一直延续到包括奥斯维辛集中营，而且直到后来才化解了。也就是说，我曾有过一种受抑制的生活，为此，我忍受过极大的痛苦，通过以莽撞的方式登山，通过剧烈的运动，通过跑步，通过骑自行车，我正是通过这所有的事情，来补偿那段日子。但是我的伙伴们嘲笑我，因为他们发现我与众不同。

泰西奥：你没有他们的那些欲望，他们的冲动。

莱维：他们不谈论其他事情，他们讲述肮脏的奇闻逸事，而我的性教育是通过肮脏的小故事和弗洛伊德获得的。

泰西奥：也就是说？

莱维：我父亲为我提供了曼泰加扎[1]和弗洛伊德的书籍，他完全无意向我伸出援手，无意向我走来，给予我帮助。

泰西奥：这就是说，让你自己应对吧。

莱维：他甚至还嘲笑我。有过一种完全不同的生活的他，曾经对我说："你指望什么时候女孩子自己送上门来吗？"

泰西奥：他非常不敏感……

莱维：我妹妹开始有了一些情人……

1　曼泰加扎（Paolo Mantegazza，1831—1910）：意大利神经学家和人类学家，著有《快乐的生理学》（1854），《痛苦的生理学》（1888）。——译者注

星期一，1月26日

泰西奥：上次我们谈到初中，现在我们能谈一下你的高中吗？

莱维：在那个时期，作为达泽利奥中学的学生是一种特权，因为达泽利奥有一个好高中的名声，不仅如此，它还有作为反法西斯高中的一种秘密的名声。实际上，在我读书的时候，曾经有过一次清除运动，对反法西斯教师予以沉重的打击。以至于到后来，公开的反法西斯者就连一个都没有了。

泰西奥：什么年代的事？

莱维：是 1934 年、1935 年和 1936 年。

泰西奥：你谈到你那一代人，似乎是没有老师的一代。

莱维：或者说得更好点儿，是没有指导老师，老师是有的。举例说，有过翁贝托·科斯莫[1]，他曾在达泽利奥中学当教

1　翁贝托·科斯莫（Umberto Cosmo，1986—1944）：文学评论家，曾在都灵的焦贝蒂文科中学以及达泽利奥中学教授意大利语和拉丁语，在达泽利奥，他曾作为皮耶罗·焦贝蒂和诺尔贝托·博比奥的学生。他是意大利文学的讲师，一直住在都灵，他的学生有安东尼奥·葛兰西（Antonio Gramsci，1891—1937，意大利共产党的创始人之一，代表作为《狱中札记》。——译者注），他们师生之间开始形成一种存在冲突甚至严重冲突的友谊（后来在一次值得纪念的拥抱中，两人从人性的角度上解决了冲突，葛兰西对此进行过讲述）。最初翁贝托·科斯莫是社会主义者以及自由-进步主义者，后来他始终是反法西斯主义者，曾受到过极权制度的迫害，这个体制让他在 1926 年离开教书岗位，他于 1929 年被判处充军。科斯莫是杰出的但丁学者，他的著名作品有《但丁的生平》（1930）、《最后的上升："天堂篇"导言》（1936）等。

师，但是后来变得沉默不语。他是一个岁数大的老年人，很有尊严，但胆怯；十分清楚的是，有人想让他陷入麻烦。这里有过奇诺·奇尼的回忆，有过帕韦塞的回忆，也有过安东尼切利的回忆，自然有过蒙蒂[1]的。但他们都没有在我上学时任职。没有任何人谈起过，知道的人都默不作声。

泰西奥：后来你了解到什么事情？

莱维：是一些我当时不理解的窃窃的议论。还因为我不是反法西斯主义者，也不是法西斯分子。我属于资产阶级，我是一个资产阶级小男孩，资产阶级家庭的儿子。我父亲是一个政治上谨慎的男人，他参加过匈牙利革命，遭受过一次打击，以至于不喜欢共产主义，而一般而言，这就意味着他就是不喜欢革命，通常地说——不喜欢革新。法西斯主义他也不喜欢，从本质上讲他是一个自由党人，但是他沉默不语，他对我政治上的成长绝对没有施加影响。

---

1 对于奇诺·奇尼，请看26页注释1。佛朗哥·安东尼切利（Franco Antonicelli，1902—1974）是精练的小品文作者、诗人、反法西斯主义者，他于1935年被定罪放逐，但又获得自由，于1936年创建席尔瓦出版社，该出版社在1947年出版发行了《这是不是个人》的第一版。奥古斯托·蒙蒂（Augusto Monti，1881—1966），几乎是因为修辞学中的改变称号法，而成为了达泽利奥的“讲师”，对于这些，他在《抵抗的学校，1923—1932》章节中讲述过，这个章节包含在讲述他对学校生活的记忆之著作《我与学校的账目》（*I miei conti con la scuola*），埃诺迪出版社，都灵市，1965年。这些回忆又重新被发表在《教书的职业》（*Il mestiere di insegnare*）这本书中（阿拉巴·费尼切出版社，库内奥市，1994年）。但是，关于知识分子、讲师和作家奥古斯托·蒙蒂，请参阅吉·泰西奥所写的，《奥古斯托·蒙蒂：一个按照古代方式生活的男人的现状》（*Augusto Monti.Attualità di un uomo all'antica*），阿尔切雷出版社，库内奥市，1980年。

泰西奥：因此你家里不谈论政治。

莱维：不谈，我父亲，当他被迫不得不穿上法西斯的黑衬衫时，他便开始咒骂。他选择了最随和的路子，他已入了党，他必须去投票，表示同意或者不同意，其实就是同意，因为有党证，你知道，那时候的事情是怎样的……因此他讨厌法西斯主义，但是他不能被称作一个反法西斯主义者。

泰西奥：一个不满的人。

莱维：是的。

泰西奥：因此你去上学了……

莱维：我规矩地上学，我按规定参加了法西斯少年先锋队，后来又参加了法西斯党青年先锋队，我也不高兴，因为我绝对不喜欢这种炫耀，它不包含任何正面的东西。不过我不否认，法西斯主义的学说具有某一种“号召”力[1]。法西斯主义的这种理想化的阐述，就如同生命力一样，如同生命力的冲动一样，具有某种“号召”力。它没有大到触动我的程度，但可以——举例说——让我平静地忍受埃塞俄比亚的战争。我

---

1 词语“号召”（appello），从字面上只能翻译成英语词 appeal，它要说的是有吸引力的、诱惑人的。

曾经有过绘着小旗帜的埃塞俄比亚地图。就像大多数的意大利人一样，我相信它。

泰西奥：这曾是神话的顶峰时刻。

莱维：是的，法西斯神话巅峰，后来很快就倒塌了。

泰西奥：曾经有过一种显著的民众赞同。

莱维：我当时 15 岁。

泰西奥：我能理解。我是在谈成年人的赞同。

莱维：这是之后在西班牙不再起作用的东西。在接着的西班牙战场上，政府很快就看到，民众的赞同缺失了。西班牙的那场战争是一场流血的战争，人们得知，两边都死了很多人，而且两边都有意大利人。

泰西奥：但是在整个这场如生命冲动般的思想意识中，假如你被描绘成胆小的人、茫然的人，你会有什么感受呢？

莱维：我感到胆怯，我感到不知所措，我不感到自己是法西斯分子。除了这一切之外，我的老师们不是反法西斯分子，也不是法西斯分子，除了一个可怜的家伙之外，此人差不多是个疯子，他是一个哲学老师，曾是法西斯分子，但他是那样的愚蠢，以至于把自己以及他所宣扬的法西斯主义都弄到可笑的地步。我们的意大利语女教师是阿齐莉娅·阿里希[1]，她很有名。她不是法西斯分子。她做出过某些让步，但依靠本质上“体面”的意大利语的课程教学，这门课程建立在经典著作的基础上，受到不多的、一定程度的尊重。这门课程隐蔽地忠实其前辈们的回忆，隐秘地传承着。

泰西奥：你还记得其他的教师吗？

莱维：是的，那当然。科科洛[2]，希腊语和拉丁语老师，他是一位最优秀的拉丁语和希腊语学者。他曾是一名天主教神父，在你的那本书《在城市里旅行》（*Viaggio nella*

---

1 阿齐莉娅·阿里希（Azelia Arici，1895—1978）是普里莫·莱维在三年高中（从1934—1935 学年至 1936—1937 学年）的意大利语教师，在 1925 年荣获意大利语和拉丁语的课程主讲职位竞试奖。她曾在贝尔加莫、卡萨莱·蒙费拉托、卡尔马尼奥拉教书，最后又在都灵的达泽利奥教过书，其教学的讲台曾经是奥古斯托·蒙蒂的。她是研究卡图洛、但丁、阿尔菲耶里、科洛迪、迪诺·布扎蒂的学者，为乌泰特出版社翻译过塔奇托的全部作品，出版于 1952 年至 1959 年。

2 洛伦佐·科科洛（Lorenzo Coccolo）从 1927—1928 学年开始在达泽利奥任拉丁语和希腊语讲师，对他的一个充分的介绍，请参阅路易吉·菲尔波（Luigi Firpo）所写的书《为两位老师提供证据》（*Testimonianza per due maestri*），在《皮埃蒙特的人们》中有这样的话：“文学课程——意大利语和拉丁语，历史和哲学——在我的老师眼中，仍然是雄浑的学说。我们独一无二的导师，他穿着神父的长袍，不仅以敬意遵循着‘性’，而且遵循着教会法典。他是一位矮小、温顺、强壮的乡下神父，他长着紫红色的鼻子，经常对着一块有红白两种颜色的方格图案的大手帕喘气：那位唐·洛伦佐·科科洛先生，他应该不只是体面地懂得拉丁语和希腊语，但是他完全无法把这些教给我们——我们对他那卸下武装的纯洁来说，只是懒惰的、毫无节制的唯利是图者。”（穆尔西亚出版社，米兰，1983 年，第289—292 页）

città）中有这样的一个形象。可惜的是，他是一个有点可笑的人物，因为他很爱喝酒。他有一种非凡的文化修养，可是他的表达方式在本质上是可笑的。他这个人长得已经是可笑的了，因为他身材极其矮小，脸色红润，长着孩子般的天蓝色眼睛，讲话带有可怕的皮埃蒙特大区的口音，甚至有些时候，竟会随口讲出皮埃蒙特方言。我记得，有一次，某个人打搅了他，他却说出“谁他妈的这么讨人嫌”。在此之后，他公开地请求原谅，他说：“我不得已使用了一个不大体面的词语。”他就长成这样，他是一个值得尊重同时又滑稽可笑的人。

泰西奥：在一、二、三年级是唐·科科洛先生教你们希腊语和拉丁语吗？

莱维：是的，在一、二、三年级。

泰西奥：这么说，在那三年里，你什么都没有改变。

莱维：没有。

泰西奥：阿齐莉娅·阿里希教了你三年意大利语？

莱维：是的。

泰西奥：那数学课呢？

莱维：玛丽亚·马斯卡尔奇，很优秀的一个人。她不是一个伟大的数学家，然而她有着某种教学的天赋。她是个正义的人，不会做明显不公道的事情。她精通自己的学科，一个可靠的人。

泰西奥：哲学和历史呢？

莱维：欧塞别蒂老师教过我们一年时间。他是一位研究亚里士多德的学者，而且他是把亚里士多德的作品译成意大利语的翻译家，但我对他的记忆只停留在陌生人的程度，没有什么接触。我们只是时而笑一笑，无法想象能有一种个人层面的接触。除了这些之外，我们当时是一个有着四十一个孩子的可怕的班级，全是男孩子，而且大多数都调皮捣蛋。因此，总而言之，我们是难以对付的。在随后的两年时间里，来了一个叫格巴兹的男老师，他来自瓦尔达奥斯塔区，是自己供人当作笑料的那些教师中的一位。[1] 他不只有发音上的问题，还有思路上的问题，连续不断地来回重复。我不知道他怎么能够……实际上，后来人们谈到他有一次住院了。他的教学效果几乎为零。

---

1 皮埃特罗·欧塞别蒂（Pietro Eusebietti）系研究亚里士多德的学者和翻译家，曾是莱维在高中一年级时的哲学老师；萨穆埃莱·格巴兹（Samuele Gerbaz）是莱维在高中二年级和三年级时的老师。

泰西奥：还剩哪些别的课程？

莱维：自然科学，这里曾有一位年长的老师，潘吉拉，我同她一直处于不断的比赛当中，因为我对化学的了解比她还多，我自己事先已经学过了，然后向她提出些令人难堪的问题，而她不会回答。我记得自己提过的一些充满恶意的问题，我已知晓答案，而她的回答却是错误的。

泰西奥：人们会有不同的发展，但你讲过你对小学老师有过相同的态度。从你所讲的来看，我不觉得达泽利奥后来是多么了不起的学校。我也不觉得值得回忆的教师有那么多。

莱维：阿里希。阿里希是一位值得回忆的教师，甚至我现在都还记得一些她讲过的课。她当时处于和这个满是调皮捣蛋的学生的班级的斗争中，处于拼死的斗争中。通过这一切，客观上我应该承认，她是一位最优秀的教师。然而她没能俘获我，因为我的兴趣在别处，那时我已经对化学感兴趣了。

泰西奥：除了时间久远之外，我想问这是什么时候开始的一种爱好？

莱维：大约是在高中一年级开始的。我用在家里找到的化学品进行实验，我还找到我父亲赠送给我的一些化学课本，做一些对我来说好像出人意料的小实验，那些还属于炼金术一类的：金星树、木星树、火星树[1]，我使盐变成结晶体。

泰西奥：不过，一切都诞生于学校以外，诞生于学校的激励作用之外。

莱维：是的。

泰西奥：有什么原因吗？

莱维：出于好奇心。因为我对星空感兴趣；我对动物感兴趣，我养过小蝌蚪，正如我讲述过的那样，是在家里；我还对昆虫感兴趣。我对一切都有兴趣。

泰西奥：为什么化学是一切事物的中心？

莱维：在我看来是这样，总而言之，我觉得是这样。为此，我对意大利语教学怀有某种反感，它与我是如此不相干。阿里希是一位杰恩蒂莱[2]的拥护者、一位克罗奇哲学思想的研究者，她认为，自然科学、物理学和数学似乎是次要的课程，是辅助性的，属于 B 系列的。在战争结束的许

1 三者分别象征着金属铜、锡、铁。——译者注

2 杰恩蒂莱是当时意大利的教育部长，他于 1923 年提出义务教育至 14 岁为止的改革。——译者注

多年之后，当我们成为朋友的时候，我去找过她，我们又重新恢复了讨论。她对这一切感到非常惊讶，对于她来说，这是一个新的天地。

泰西奥：也就是说，你向她揭示了她教学的底细？

莱维：是的，她的教学，我是需要忍受的。我的作文很差，为此……是的，我喜欢但丁，因此，我还能够讲出某些东西来，但是，卡尔杜齐、帕斯科利、邓南遮，我确实不太感兴趣，我把他们作为一种必要的痛苦来忍受着。现在我改变了想法。

泰西奥：那么，我们看一下。你认为，杰恩蒂莱的改革，实质上在你们这一代以及后来的几代中可能造成了一些问题？

莱维：我无法做一个比较，但我想说，是的。另外，它肯定剥夺了意大利物理和数学领域中潜在的一些天才的发展权利，让他们从一开始就失去了信心。

泰西奥：你知道在你的班级里还有其他与你相似的情况吗？他们也许是自己组织起来，组建了另一所学校？

莱维：是的，在我的班级里有一位天才，不是潜在的，而是实实在在的，他就是埃尼奥·阿托姆（Ennio Artom），埃马努埃莱的兄弟。[1]

泰西奥：关于阿托姆的家庭，我记得一张奥古斯托·蒙蒂的令人感动的画像。

莱维：那是两兄弟和父亲。埃马努埃莱是在当游击队员时去世的。埃尼奥是最年轻的，一个极为早熟的年轻人，早熟到成为反法西斯主义者，他为自己在十四岁时两次被放逐而感到自豪。当墨索里尼来到都灵时，警察到了他的家里，把他带到了托雷–佩利切。在十四岁，他就已经被视作一个极端危险分子了。

泰西奥：你们被这些所吸引吗？

1　普里莫·莱维在一篇文章中回忆了埃马努埃莱·阿托姆（Emanuele Artom），这篇文章是 1984 年 4 月 11 日，在米拉菲奥里的一所公园为阿托姆题词之际，发表在都灵市的《报刊》杂志上的。文章中的钦佩之情是干脆和明显的：“在 1943 年 9 月 8 日，纳粹分子侵犯了意大利北部，埃马努埃莱没有犹豫——他缺乏军事经验，反对暴力，上山当了游击队员。他自豪、乐观地忍受不适和危险，让自己变得大胆和机智：在 1944 年的 1 月，他成为瓦尔–佩利切地区的行动党的政治委员。他曾陷入一次扫荡围捕，被捕了，受到连日凶残的严刑拷打，被人嘲笑，但是他仍坚持守口如瓶，没有说出任何人名。4 月 7 日，他被酷刑折磨致死……”（普里莫·莱维的文章，见《莱维作品集》，第 2 卷，由埃马努埃莱·贝尔波利蒂编辑，埃诺迪出版社，都灵，1997 年）埃马努维莱·阿托姆的日记《三个生命：从 19 世纪末到 20 世纪的中期》（以色列出版社，佛罗伦萨，1954 年），由古利·施瓦兹（Guri Schwarz）以“一名犹太游击队员的日记”（*Diari di un partigiano ebreo*）为书名，编辑后再次出版（博拉蒂·博林吉耶里出版社，都灵，2008 年）。关于阿托姆的家庭、父亲埃米里奥、大儿子埃马努埃莱和小儿子埃尼奥，还可以参阅奥古斯托·蒙蒂（Augusto Monti）：《虚假瘦弱的都灵和都灵其他的篇章》（*Torino falsa magra e altre pagine torinesi*），由吉·泰西奥编辑，安巴拉当出版社，都灵，2006 年，第 168—172 页。

莱维：他当时是一个十分沉默寡言的男孩子，不过他具有一种无法否认的魅力，一种对一切都有着极其清晰看法的人格魅力。那时，他已经是一个语言学家，是本韦努托·泰拉奇尼（Benvenuto Terracini）的朋友和学生，通晓希伯来语。他是一位天生的语言学家，同时他又吸收了——包括在家里——一种与我十分不同的反法西斯主义：他是真正的富于战斗性的反法西斯主义者。他能激发所有人对他产生一种本能的敬意。

泰西奥：你曾是他的朋友吗？

莱维：我那时不敢做他的朋友，我把他看得太优秀了。

泰西奥：当时他在你的班上有朋友吗？

莱维：没有，没有，他是一个孤僻的人。还有，他在身体条件上有些不如人意，他是一个矮小的、难看的男孩，戴着眼镜，极其强壮。但他和法西斯主义为那时的男青年所描绘的肖像是那么不协调，以至于能在他周围享受到一种小心谨慎的特权氛围。他是班上的第一名，真正的第一名，班级的第一名并不特别被人爱戴。

泰西奥：他是唯一一个你记得的同学吗？

莱维：唯一的。其他人都记不清了。

泰西奥：你后来还看见过谁吗？

莱维：见过一些。

泰西奥：在你的化学家和词源学家——总之，语言学家——的爱好，与阿托姆的爱好之间，有某种关系吗？

莱维：当然。我喜欢语法，无论是希腊语的，还是拉丁语的。我说不好为什么，很可能是出于科学的原因。因为语法是一种科学，对经典著作的崇拜则是不科学的，存在着一些为什么，而学校对这些为什么回答得不好。不过，我对为什么的这种有点外行的兴趣是这样的——为什么希腊语的动词是这样，在希腊语动词、英语动词、德语动词和拉丁语动词之间的关系，我从那时候开始就产生了兴趣。但那是没有任何人鼓励的一种兴趣，一种空白的兴趣。

泰西奥：也许因为老师们感到自己被难住了？

莱维：科科洛为此赞扬过我，他管我叫“语法学家”、拉丁语学者。他在我身上定位，感知到我对这种词源学的趣味，不过，古典语言的教学那时候并不是科学，我不知道今天是怎样的，但那时不是科学。对于事物的为什么，没人会对你说个所以然，举例说，对于拉丁语和希腊语之间显而易见的相似之处，人们也什么都不说。

泰西奥：人们当时阅读古典著作。

莱维：他们教授语法的方式就像它是上帝的礼物，就像来自上天的一种启示、一种没有为什么的语法；而人们爱阅读经典。

泰西奥：你却相反，有着另外一种爱好。

莱维：对此，尽管我不情愿，但没错，我很通晓语法，无论是拉丁语的语法，还是希腊语的语法。我的拉丁语和希腊语得分都挺高，比意大利语要更好。

泰西奥：你的成绩单呢？

莱维：高中的吗？是在中等和良好之间，在七分和八分之间。我的自然科学、数学、意大利语，分数都挺好，一般而言，都是中等，除了当有某些事情激发出我的想象力的时候。我曾经对你讲述过，一份在不幸事件中登峰造极的成绩单：意大利语的三分写在了高中毕业考试成绩表上。那是我的第一次，也是唯一的一次不及格。

泰西奥：你有某些想象力活跃的时刻，你记得吗？

莱维：对阿里奥斯托，对阿里奥斯托，是的。我喜欢阿里奥斯托。

泰西奥：变动中的人物被抓住，被放弃，又被抓住，一次十分错综复杂的旅程。

莱维：但触及想象力。这些连续不断的旅行，这些古怪的、田园诗般的、难得看到的自然景观。我也喜欢阿里奥斯托如同但丁般的富有诗意的技巧。至于但丁的作品，我喜欢《地狱篇》，不太喜欢《炼狱篇》，《天堂篇》我不记得了。

泰西奥：在这方面，为什么教师们也不能胜任呢？

莱维：《地狱篇》是简单的，是色彩鲜艳的。

泰西奥：是神学方面的基本知识吗？

莱维：也是科学的基本知识。

泰西奥：后来当你重新阅读但丁时，保持了这些偏爱吗？

莱维：我重新阅读了全部的《炼狱篇》，没读《天堂篇》。《天堂篇》让我泄气。我从来不把它拿在手里。

泰西奥：你确实再没有重新拿起过它吗？

莱维：没有。

泰西奥：成绩单，你保存下来了吗？

莱维：没有，什么都没有。

泰西奥：大学毕业文凭呢？

莱维：是的，那个保存了。

泰西奥：在高中，与小学和初中相比，犹太人的身份分量更重些吗？

莱维：在高中，影响更大一些，因为到了高中我有了一段“友谊-敌意”。关于这些，我在《漫长的决斗》[1] 中讲述过，你记得吗？

---

1 莱维暗指《漫长的决斗》（“Un lungo duello”），它收录在《他人的行当》（*L'altrui mestiere*）一书中（埃诺迪出版社，都灵，1985 年，第 219—225 页），在这篇文章中，他讲述了与一个在故事中叫作圭多的小男孩之间一种互相矛盾又互相竞争的友谊。这个名字与马里奥·洛萨诺在户口中登记的名字一致。关于马里奥·洛萨诺，在吉奥乔·布兰多内（Giorgio Brandone）的珍贵小册子《普里莫·莱维和“达泽利奥”》（*Primo Levi e il《D'Azeglio》*）中做了简述（在《文学和记忆之间莱维的社会地位》中，2007 年 5 月 24—25 日学习的会议记录，由乔治·布兰多内和蒂齐亚纳·切拉托编辑，达泽利奥高中出版社，都灵，2008 年，第 174 页，注释 24）。

泰西奥：是的，这确实是一个奇怪的事件。

莱维：那位朋友兼敌人被我是犹太人这个事实所吸引，他刺激我，挑衅我，还对我产生了兴趣。我还保存着卡尔杜齐的诗歌，一个用精制犊皮纸装订的扎尼凯利版本；在这本书的封面上，那位朋友写道："犹太人"使用唾液，毁掉了封面。直到现在还写着呢，还可以看出来。通过这一切，我自相矛盾地感到被他吸引，被他这种分裂的生命力，被他的这种我尚未拥有的早熟的耽于声色的特征所吸引。后来，他如一只蚂蟥般粘上我，因为我曾帮助他做作业，我既像是他的领路人，又如同他的老师。反过来，他教我骑自行车，教我抄小路去圣戈内，他挑唆我骑着自行车飞驰。在战争期间，我又见过他。在战争时期，他是战士，去过希腊，我曾粗暴地对他说，希望意大利输掉战争，他则回答说："我可以原谅你，仅仅因为你是犹太人。"后来我就再也没有听过他的任何消息了，我在任何地方都没有再看见过他的名字，我再也不知道他的任何事情了。

泰西奥：你再也没有寻找过他吗？

莱维：我在电话号码簿里面看过他的联系方式，但我从来没有试图重新与他取得联系。

泰西奥：不管怎么说，他曾经是一名法西斯分子，而你不是。

莱维：他是一个事实上的法西斯主义者、一个有男子气概的人。不过，对于法西斯主义，他也是一个极端的犬儒主义者。他什么都不相信，他是某一类意大利人的典型，对他们来说，人的体力、身体的精力非常重要。学说是没有任何价值的，他肯定不是一个守纪律的法西斯分子。

泰西奥：除了这个同学之外，你与别的同学建立了一种更为熟悉的关系。发生过跟某个人可能更为经常地见面，一起去看电影之类的活动吗？

莱维：是的，我曾有一个朋友，我们上电影院，在一起度过很多时光，互相陪伴着回家。我曾有一个朋友——现在仍然是——一个高中的朋友，我和他始终保持着一种公开的友谊关系，直到他结婚为止，后来就不再来往了。

泰西奥：是婚姻中断了你们的关系？

莱维：因为我同他妻子不知道讲些什么。他很长时间都是单身汉，他一直是单身时，我们都有着一种公开的和全面的信任关系。当他结婚之后，这种信任就中断了。

泰西奥：让我们把时间提前一些，你的婚姻也改变了什么事情吗？[1]

莱维：这是一个提前了的问题。我的妻子把一切都弄乱了，这是一个戏剧性的事实，也很奇妙。

泰西奥：那么，我们再回到友谊上。我们刚才谈到电影。对于你们来说，电影代表着什么？

莱维：法国电影对于我们代表着很多东西，代表着某些在意大利缺失的东西。意大利拍的电影苍白无力。

泰西奥：所谓的"白色电话电影"[2]？

莱维：米诺·多罗（Mino Doro）、玛利亚·德尼斯（María Denis）女士……他们都没有往深处挖掘。法国人做到了。他

---

1 正如卡罗莱·安杰尔（Carole Angier）在《双键：普里莫·莱维的生活》[*The Double Boud.Levi*：*A Biography*，2002 年（意大利版：*Il doppio legame.Vita di Primo Levi*，蒙达多里出版社，米兰，2004 年）] 所写的，使人回忆起"他的第一本传记"，也就是米里亚姆·阿尼西莫夫（Myriam Anissimov）的《普里莫·莱维或者一个乐观主义者的悲剧》（*Primo Levi ou la tragédie d'un optimiste*）：1996 年（意大利版：*Primo Levi o la tragedia di un ottimista*，巴尔迪尼以及卡斯托尔迪出版社，米兰，1999 年）："对于普里莫·莱维来说，夸大婚姻的重要性是不可能的。这意味着……，从纳粹德国的集中营时期他所热切希望的一切就是：'确认他曾被凶残否定的作为人的权利。'"

2 "白色电话电影"（telefoni bianchi）指的是以豪华生活环境为背景、专门描写富人生活方式的意大利影片，流行于法西斯政权统治意大利的年代，因这些影片中会出现富有家庭使用的白色电话机而得名。下文提到的米诺·多罗、玛利亚·德尼斯均为意大利演员，主演过这种题材的影片。——译者注

们讲述的生活就是它的本貌，至少像是生活的样子，在生活那些悲惨的、不那么重要的方面也是如此。我讲的是雷诺阿、让·迦本，是《悲伤的黎明》(*Alba tragica*)、《舞会的名册》(*Carnet di ballo*)、《逃兵》(*Disertore*，我不记得在意大利准确的片名是什么了)。它们来到意大利后，受到一些非难苛评，但总而言之，信息还是同样地被传了过来。有些时候我们也去剧院，举例说，去看吉尔伯特·戈维[1]，这是一种很大的慰藉、一次消遣。我们本能地在戈维的作品中感受到某些真实的东西。

泰西奥：一条来自日报的微妙消息。

莱维：是的，这个男人各方面都是普通的，他用一种直接的语言——他那种意大利-利古里亚区的语言——表达自己的意思。后来，我们常去爬山，这很重要。我从来都不是一个伟大的登山运动员或滑雪运动员，不过，我经常去山里。这也是有点想离开当时都灵让人昏昏欲睡的氛围，我们上惯常去的山区：巴尔多内基亚，赛斯蒂耶雷，克拉维耶雷。那时候奥斯塔山谷还是有一点远的。

泰西奥：你们怎么去呢？

1 吉尔伯特·戈维（Gilberto Govi，1885—1966）：意大利热那亚方言戏剧演员。——译者注

莱维：有组织好的游览大轿车，需要四个小时才能到达塞斯特里耶雷，但是旅途同样挺好玩的。

泰西奥：一大清早就出发……

莱维：五点钟起床。

泰西奥：结伴的人不同于学校的那些。

莱维：大多数情况下是学校的伙伴，其他时候是同法西斯组织一起去，也就是同所谓的阿尔卑斯山法西斯青年先锋队的队员。不过，组织并不教我们任何东西，从来没有教过滑雪。

泰西奥：有负责人吗？

莱维：有一个人，他本来应该教我们的，但是他自己也不会滑雪，因此，我从来就没有学会过。

泰西奥：再回到剧院和电影院上，它们是在什么地方？

莱维：哪儿都有一些，最多的时候我们是去价格便宜的那些。在那个时代，有分别放映第一轮、第二轮和第三轮的电影院。我们总是等待着电影过渡到第二轮或第三轮上映时才去。

泰西奥：你记得某些特别的电影吗？

莱维：是的，那部现在叫《丑角》（*Arlecchino*）的，那时叫作《因佩里亚》（*Imperia*），票价为1里拉18分，即一个里拉和一个铜板。[1]有的电影票价为80分。

泰西奥：也有声名狼藉的电影院吗？

莱维：是的，“新门”电影院，我觉得好像是这么叫的。

泰西奥：这个电影院一直存在到我的年轻时代，它在尼斯大街的拱廊下面，在伯索莱特大街的拐角。

莱维：是的，它是上午开放，我们去那儿就不去学校了。

泰西奥：你从来都没有逃过学吗？

莱维：高中没有，大学逃过。

泰西奥：高中你从不逃课，可是你的一些同学逃过。

莱维：有人是，还有更为冒失的。

1 里拉为从前意大利的货币单位。——译者注

泰西奥：再说这也不是严重的越轨行为……

莱维：不是。

泰西奥：你吸烟吗？

莱维：战后我开始吸烟。

泰西奥：可你从来没有想尝试越轨，没有想做出让你变成“男人”的某些事情吗？

莱维：我的“越轨”就是登山。我很早就开始做一些相当不谨慎的事情，但是在大学，不是在高中。我的“越轨”就是那个。

泰西奥：你试图同风险一比高低，向它挑战了吗？

莱维：是的。

泰西奥：但我们已经谈到和德尔马斯特罗[1]建立友谊的年

1 桑德罗·德尔马斯特罗（Sandro Delmastro）进入“正义和自由”的队伍，并成为该组织在城市里一切行动的指挥官。在第一次被捕又逃跑后，德尔马斯特罗被派到罗亚山谷，当他试图达到自己的目的地时，又再次被捕。他被带到库内奥市的司令部，在一次不顾一切地试图逃跑时，他被杀害了。这个故事被放在《元素周期表》中的短篇小说《铁》（“Ferro”）里，他的形象被以文学手法展现出来。

代了。不过，他似乎比较谨慎，比较可靠。

莱维：他懂得更多东西，不过，他也喜欢冒险。

泰西奥：你和桑德罗·德尔马斯特罗是在大学年代建立的友谊……

莱维：是的。

泰西奥：他在哪里上的高中？

莱维：在阿尔菲耶里。

泰西奥：家庭情况怎么样？

莱维：那是个中等家庭。他是一个建筑工头的儿子。

泰西奥：他家里没有搞学问的人。对于他来说，你就有点儿像搞学问的人？

莱维：我像是认真研究化学的那种人。

泰西奥：你们之间不存在任何不融洽的地方？

莱维：嗳，有一种纯粹的钦佩之情！这个男孩是如此沉默寡言，话那么少，身体那么壮实，又很自信。他有个兄弟长得更好些，而他的脸长得难看。他的兄弟，除了拥有他所有的美德之外，还长得非常帅气。总而言之，他是一个梅斯内尔[1]。他们毫不炫耀地一起做了一些值得纪念的事情，穿越了科尼盆地的整个弧形地区——没有中断过。他们被刊登在登山俱乐部的新闻简报上，但对于他们而言，那只是胜利本身的意义，他们根本就不会对此扬扬自得。

泰西奥：看起来不可能的人物是存在的。

莱维：杰克·伦敦式的人物。他很少对我讲述他的事迹，讲的就是他自己从雪地里挖掘出来的露营地，在严冬季节露天度过的那些夜晚，骑着自行车郊游一直骑到塞斯蒂耶雷，为的是之后去滑雪，诸如此类的传奇事情。他把我置于他的保护之下，为的是教给我一些基本的东西。在体格上，我远远不如他。

泰西奥：在体格上低于他，但是你用敏捷弥补了。

莱维：敏捷，是的，也是顽强的。

1　梅斯内尔：意大利最著名的登山运动员。——译者注

泰西奥：去山里的人需要什么呢？

莱维：需要抵抗寒冷，抵抗疲劳。

泰西奥：这是你生命中的友谊吧？

莱维：它对我而言一度极其重要，只是现在才渐渐消失了。友谊就是在所有事上都有共同点，亲密无间，共同喜爱登山，都有好奇心，也都爱听音乐会。登山的共同点，好奇心的共同点，还有音乐会的共同点。

泰西奥：你们去哪里听音乐会？在音乐学院吗？但我们说的是友谊……

莱维：是的，友谊是非常重要的，至今也是如此，男人之间的，也有和女孩子们的友谊。

泰西奥：按照顺序进行，我们看一下：登山，看电影，听音乐会，看戏剧。只看那些喜剧吗？

莱维：不，不仅如此。也有莎士比亚。总而言之，修道院里会演的那些。

泰西奥：你经常去剧院吗？

莱维：不，每年去四五次吧。

泰西奥：去电影院呢？

莱维：也许一年去十次吧。

泰西奥：此外，你又说了音乐会。

莱维：音乐会，我是预订户。

泰西奥：因此，去的次数就更频繁了。

莱维：是的。

泰西奥：这么说，音乐对于你来说，极具重要性。

莱维：我没有演奏过任何乐器。我在音乐面前是被动的，这是一种被动的兴趣；引人入胜，但我是被动的。在我的脑子里从未产生过上课的想法。我的家庭尝试让我上钢琴课，那时我大概六七岁，我哭了，我没有愿望，也没有毅力。

泰西奥：那你后来也再没有试过。你妹妹也是如此吗？

莱维：嗳，一样。她也不愿意。

泰西奥：你的孩子们呢？

莱维：我的两个孩子都特别热爱音乐。两个人都学过各种乐器，他们一起演奏，也都上课。再说，我儿子作为物理学家，还了解音乐的物理学知识。我的孩子对于音乐极其爱好。

泰西奥：值得记忆的音乐会呢？

莱维：我举不出例子来。

泰西奥：我们再回到友谊上。你感受到男性友谊和女性友谊之间的区别吗？

莱维：这里触及一个十分微妙的话题，因为我曾经是一个胆怯者，一个病理学上的胆怯者，为此我有过一些同女性的友谊，但停在了那里。发生变化，跳过障碍，对我来说来得极慢，那是发生在奥斯维辛集中营之后。这是一个我讲起来带些尴尬和困难的话题，事实是，我当时是个心理上受压制的人，这在我所写的文本中可以看到。我感到受到强烈的压抑，也是因为种族运动，这是一个清晰的伤口。许多女孩子，有教养的、不招惹人的，都会远离我。而我恰恰寻找那些我不能与之建立关系的女孩子。

泰西奥：你寻找的人，会拒绝你吗？

莱维：也许会的，但是我把这个留给别人。实际上我有许多段女性友谊，但没有一段成了爱情。

泰西奥：连跟大学的女同伴——你曾将她作为人物改写进《元素周期表》过——你们交换过信件，你跟她之间也没有萌生爱情吗？

莱维：也没有。也就是说，有过。我们当时模模糊糊地相互爱恋过，却是以极端纯洁的方式。[1]

泰西奥：对此，你忍受痛苦？

莱维：是的，我忍受着极大的痛苦，我以可怕的方式忍受着，因为我看到我所有的朋友都从这种经历中走过来，他们还有过性的经历。我没有，我以一种骇人的方式经受着内心的折磨，甚至想到了自杀。

泰西奥：也许还因为你的一些同伴会过分地展示他们的战

---

1 在短篇小说《锌》（“Zinco”，《元素周期表》的第三篇）中，这个同伴叫丽塔，莱维是这样介绍她的：“在角落里有一个油烟罩，在油烟罩的前面坐着丽塔。我靠近她，并以转瞬即逝的快乐心情发觉她正烹调着与我相同的第二道菜：以快乐的心情，因为我围着丽塔转了一段时间，我头脑里在准备出色的开场白，而其后在关键性的时刻，我却不敢向她表白，拖延到了第二天。”卡罗莱·安杰尔（Carole Angier）在莱维的传记里确定丽塔的名字和人物形象的原型是克拉拉·莫斯吉诺（Clara Moschino）（引自《双键》，意大利语翻译版本中，第 135—137 页）。

利品……

莱维：肯定的。有的人去妓院，带着假证件去那里。我从来不会做类似的事情。

泰西奥：还有延续了较长时间的女性友谊吗？

莱维：噢，很多。是的，很多。举例说，在《元素周期表》中的《磷》（“Fosforo”）那一篇中描述的那个女孩子。直到现在，她仍是我的朋友。不过，这种友谊确实是阶段性的，两年或三年，在这段时间里，友谊就裂成薄片了。[1]

泰西奥：为什么？

莱维：由于各种原因。与此同时，由于我的缘故，家庭的变迁，我走动很少，然后……有人去世了，有人生病了，有人对生活失去了兴趣……这是一个正在消逝的章节。

泰西奥：这是感觉到自己衰老了吗？

莱维：是的。

---

1 短篇小说《磷》篇中的女孩子，在文学作品中，与加布里埃拉·加尔达（Gabriella Garda）这个人相符。对此，同样是卡罗莱·安杰尔在传记《双键》中的第212—216页提到了。

泰西奥：看到围绕着你的环境在受到侵蚀吗？

莱维：是的，这是十分痛苦的，非常痛苦而不可逆转。

泰西奥：但从总的情况看，你认为自己是一个天性好胜的人吗？

莱维：天晓得！我自认为是一个经历过许多战斗的人。我在其中，战败过，也战胜过。我应该具有某种深厚的力量，因为我是奥斯维辛集中营的幸存者，这是一场艰苦重大的战役。作为化学家，我也承受了失败，但是我也胜利过多次。另外，作为作家——我几乎是不得不成为一名作家——我打开了一个新的篇章。首先是在意大利，其后又在国外，这股成功的浪潮以不同的程度逐渐向我袭来，使我严重地失去平衡，它让我披上了某个人的外衣，而那个人却并不是我。

泰西奥：作家算是最沉重的职业吗？

莱维：最沉重的？

泰西奥：对，我问的是这个。

莱维：从影响来看，毫无疑问，是的。从劳累和持续时间来看，我想说，不是。因为一般地讲，我是心甘情愿地写出我的书，以轻而易举的方式，我并未在其中感到负担。

泰西奥：你从来没有感受到一种可能的失败，也就是说，感到办不成的负担？把一种如此不可捉摸材料作为文本。总而言之，你感受如何？必须写吗？必须那样做吗？

莱维：我现在感受到了它的分量，但从前没有。

我始终是相当自信地进行写作，因为评论界支持我，我让我的朋友们阅读这些东西，而他们赞扬我的作品；因为销售情况良好，出版商是满意的。我几乎从来没有感到自己是一个失败的作家，甚至，直到现在，我都为自己的成功感到惊讶，为没有穷竭心计就获得成功的事实感到吃惊。

泰西奥：就仿佛一件自然而然的事情……

莱维：这是一个在我之外的现象。我写了一本书，然后书就走它的路了，起步，沿着错综复杂的路线走下去。《这是不是个人》走了一条那么错综复杂的旅程，以至于我都跟不上它，并且它现在还继续着它的旅程。它在德国又再版了，就在今天早晨，一位技术员给我打电话，一位电影编剧建议我拍一部电影。

泰西奥：不过，从你前面说过的来看，似乎可以说，这个新的职业在你的身上，在你的心里，颠覆了某些东西。

你没有说过自己曾感到有些两面性？至少直到你还从事着两种职业的时候。

莱维： 当然是的。

泰西奥： 这从心理上没有带来困难，没有产生模棱两可的效果吗？

莱维： 不是模棱两可，而是混杂状态。我承受得很好，我保持得也很好。应该说，好些年来，我都是尽了本分。

泰西奥： 实际上你是怎么做的呢？

莱维： 我把时间分成两份：有工厂的时间，在此期间，文学与此没有一点关系；然后才是后面的时间：我以回复信件和写作度过的晚上。

泰西奥： 你在工厂里要待八个小时？

莱维： 是的，再加上两个小时的路途，一共十个钟点。我夜间工作，我很顽强，这便是一切。

泰西奥： 没有任何让步？

莱维：是的，就像我现在讲述的那样，但不涉及写作。我有过退让，是涉及工厂劳动的事情，在这个战线上的让步，我是有的，是的。

泰西奥：在任何情况下，都不牵涉写作上的让步。

莱维：不牵涉。

泰西奥：这也是一个积极的方面，不是吗？

莱维：不是已写过的作品，而是“要写的”的作品。举例说，现在我不胜任写作了，不过，我不漠视自己写过的东西，它们是我血液中的血液。

泰西奥：不过，抛开当前的形势，作为作家，你总是感觉自己能控制局面的。

莱维：让步，我是有过的，我经常妥协，我常常被……当作……但关于这些，我宁愿略过去。

泰西奥：但是面对着退让，你的反应如何？

莱维：我尽力用我的手段去战斗，但是……再说，你在我身陷危机的时候，向我询问这些事情，这让我以不同的方式来看待事物。在一个不同的阶段，我可能会给予不同的回答，我将愿意以更大的热情来谈论它。

泰西奥：我明白，然而我不能不注意到，你仍然总是战胜野兽。

莱维：现在这些和我都毫不相干了。我从一开始就对你说过，那是些需要诠释的供认、坦白。

泰西奥：我很清楚地知道，你在其他时刻对我说的那些话，现在你可能不愿意说，但这难道不算是更触动心弦的、更深刻的一种谈话尺度吗?

莱维：我以怀疑的态度感受自己这种心理抑制，关于这点，我对你讲过，那毁了我青年岁月的压抑，它还在阻碍着我的某些人际关系。

泰西奥：可是你看，我是带着极大的尊重跟你说这些的，有时候在你的著作里，我可以感受到你的这种界限。就如同存在着一种你无法逾越的障碍。

莱维：我不想越过去。

泰西奥：我以不太拐弯抹角的方式说了这些，但好像你缺乏热情似的。

莱维：我不知道，我没能很好地意识到。

泰西奥：像是一种抵抗。

莱维：当然存在。有这种迹象——这个我也可以对你说——在《这是不是个人》的前几页中，指的是一个女人，我以我的方式向她献殷勤，这让她感到十分尴尬，因为她意识到我的极端胆怯和犹豫不决。我们曾经一起被俘虏，甚至是以一种十分平庸的方式。我们曾经藏在约乌克斯山上，我们一起走下来，为了我也不知道是什么的政治使命，有人在下面为我们提供接待，为的是不必在夜间再爬上山去。我们拒绝了，我记不清是出于什么原因了，我们在夜间一直爬到约乌克斯山上，在五个小时之后，也就是过了一个夜晚之后，我们被捕了，对此我经常怀有一种内疚感。

泰西奥：为了并非故意地造成了逮捕而愧疚？

莱维：还有，这个女人曾经企图自杀，为的是不被遣送，她切断了自己的静脉，后来被重新缝和了。总而言之，我背负了这个死亡的重担——因为后来她死了——直到我遇见我现在的妻子。对于我来说，那确实是一个令人绝望的处境，爱恋上一个不再存在的人，并且还造成了这样的后果，我想这是可以感觉到的……或许假如我对她少些心理抑制的话，假如我们一起逃跑的话，假如我们做过爱的话……那时我却做不出来这些事情。[1]

泰西奥：这是一种弥久的境遇。你从来没有考虑过写一部自传？

莱维：我写过了。

泰西奥：但我并不认为《元素周期表》是一部通常所说的自传。我说的是明确的自传，没有除写作以外的其他筛选和加工。举例说，讲述一种行当，跟以更深刻的措辞讲述一种更深刻的经验，是不同的事情。

莱维：实际上对我来说会非常痛苦。

泰西奥：这才是我提问的意思。

1　在旺德尔的米兰时期，莱维和她就已经有过来往了（旺德尔是一家制药公司。莱维在搬迁到米兰时，先在巴郎杰罗的石棉矿里找到了半地下的职务，之后又转到旺德尔制药公司），万达·马埃斯特罗（Vanda Maestro）是“都灵市的七个男性和女性朋友”中的一个，莱维将她经过改造写进《元素周期表》的《金》（“Oro”）一章，其中他说：“万达，像我一样，是个化学家，但她没有找到工作，她持久地对这件事恼怒发火，因为她是个女权主义者。”重新见到她是在莱维缺乏远见的游击队的瓦尔达奥斯塔时期，后来又在福索利。万达死于德国纳粹集中营，对于莱维——他曾与她有一种恋爱的关系——来说，这是一个永恒的刺痛，正如他在《这是不是个人》的前几页中，在《休战》的其他片段中，也包括在这里所承认的那样；以及，在采访录中，在一次更为痛如针刺的表白中所承认的那样。

莱维：正像我对你说过的，由于我没有能力找到与一个姑娘建立牢固感情关系的方法，我度过了绝对不幸的少年期和青年期……但是，这些是不该讲述的事情。

泰西奥：我很明白。何况，你生活中最好的部分是后来才到来的。回家，结婚，生子，读书，以及用你疗伤的潜力写的文字。写作也有点儿治疗之效……

莱维：是这样，但《这是不是个人》是十分悲惨的，正如我所讲述的那样。两件汇聚在一起的事情——我开始写作《这是不是个人》，以及我遇到现在的妻子——是两个拯救的因素。

泰西奥：与你妻子的相遇，可以叙述一下吗？

莱维：那当然，对于我来说，这是值得讲述的。我想说，这是几秒钟而非几分钟就能说清楚的故事。我早已经认识了她，她是我妹妹的朋友。

泰西奥：你是在被遣送之前认识她的？

莱维：是的，是在遣送之前，她是我妹妹的许多朋友中的一个。我们曾经一起跳舞，在短短的几秒钟之内，我们就觉察到一种深刻的、突然的变化，我的这种心理压抑带来的屏障骤然倒塌，首先是多亏了她，她让我开口讲话，对我十分耐心，她能体谅别人，她亲切热情，在短短几分钟之内……

泰西奥：你们是去哪里跳舞的？你还记得吗？

莱维：我不记得了，大概是在犹太学校吧。

泰西奥：你记得日子吗？

莱维：是的，在《不定的时刻》（*Ad ora incerta*）中有一首诗，就是我在那个场合所写的，你记得它吗？[1]

泰西奥：或许是那首你讲述星辰和上帝的错误的……

莱维：是的，日期就是我对你说过的那首诗的标题。

泰西奥：那是晚上，还是白天？

莱维：是晚上，是的。

泰西奥：那是一件意想不到和令人震惊的事情。

---

1 这首诗包含在《不定的时刻》中，它的标题是：1946 年 2 月 11 日。（引自《莱维作品集》，第二卷）

莱维：是的，意想不到和令人震惊。

泰西奥：为什么你感觉先是意想不到的，再是令人震惊的？

莱维：正如我在《元素周期表》的《铬》（“Cromo”）这一章节中所讲述的那样。

泰西奥：而它使你变得精神愉快了。

莱维：它使我变得精神愉快了，我实现了愿望，开放了，快活了，充满了工作的愿望。这是一个双重的胜利，我感到自己成了世界的主人。

泰西奥：我们做了一些时间上的跳跃。我想再回去一点儿，说说大学阶段。你是什么时候报考大学的？

莱维：我没有犹豫过。有过这个插曲，也就是高中毕业考试的失败。但后来我又通过翁贝托·科斯莫的课程，在7月再次参加考试。

泰西奥：你去找了科斯莫，作为私人教师，他给你的印象是什么？

莱维：可怜的人，他当时非常尴尬。

泰西奥：你去他的家里，在地中海大街？

莱维：在科利街。

泰西奥：是，他女儿仍住在那里。他当时已经有多大岁数了？

莱维：我不知道，65 岁？在我看来好像很老了。

泰西奥：那是谁把你领到他那儿的？

莱维：是阿里希本人。不，不是阿里希，因为我本来要写一篇关于法西斯的作文。我不记得是哪位朋友把我打发到科斯莫那儿的。他给了我一些很好的建议，让我做了某些练习。我在 7 月凑合通过了考试，但我不记得分数是多少了。

泰西奥：你连作文的要点都不记得了？

莱维：不记得了。

泰西奥：那后来呢？

莱维：后来我毫不犹豫地报考了大学，我非常喜欢大学。我非常喜欢那个环境，喜欢学习，喜欢课本，我如鱼得水。

泰西奥：你有非常称职的教授吗？

莱维：是的，几乎所有的教授都很称职。我都尊敬他们，他们也尊敬我。但是一年之后，传来了种族法令。当时我们是在 1938—1939 学年。

泰西奥：在那种情况下，你必须……

莱维：不，法律允许继续学习，由于我的幸运。起初，我感到自己不一样，不过，犹太人不止我一个，还有很多人。在 60 名左右报考的人中，我们约占 7 个或 8 个。我应该说，无论是教师，还是同学，都像绅士那样对待我们，既没有让我们感觉到压力，也没有以任何方式对我们施加压力……

泰西奥：没有任何人？

莱维：做毕业论文时，这成了一个问题，因为当时禁止接受我们这样的寄宿学生，正如那时人们所说的。有的人粗暴地说道："您是犹太人，因此我不能接受您。"其他人则以更为友好的方式说出这句话，有一个人还不合法地雇用了我。

泰西奥：在哪种意思上？意思就是你不能合法地出现？

莱维：我没有露面，那时我确实不在。反正我做了一篇物理学的小论文，它的意义比大论文还重大，因为我实验过了。

泰西奥：你保存了手册吗？参加了许多考试吗？

莱维：二十五次。

泰西奥：没有哪次经历困难才通过吗？

莱维：这些考试？没有，一次都没有。

泰西奥：什么都没有，总而言之，好像你并不喜欢。

莱维：怎么说呢，有的东西我更喜欢些，其他的我不太喜欢。建筑材料的化学，让我感兴趣的相当少。我被理论化学所吸引，也被实验化学所吸引。

泰西奥：你没有留在那个环境，是由于你犹太人的身份？

莱维：在大学的环境？哎，后来我找到了一份工作，我很着急，因为我父亲当时病得很重，我干起了在巴兰杰罗找到的工作，后来在万德尔。

泰西奥：你的父亲？

莱维：1935 年，我父亲的肠道长了一个肿瘤，动了手术，而后在 1942 年又发生了一次转移。

泰西奥：与此同时，你还在大学里吗？

莱维：1942 年我已经在外面了。我是 1941 年 7 月毕业的。

泰西奥：论文呢？

莱维：名副其实的论文，我是在蓬齐奥教授的指导下围绕立体化学完成的。[1]

泰西奥：论题是他选的吗？

莱维：是我选的。

泰西奥：这个论题是以什么特别的方式吸引了你？

莱维：就是立体-化学，也就是分子化学本身。坚固的结构，连同它们的形状、它们的内部动态，吸引了我。我应该说，那是一篇聪明的论文，实际上，我获得了赞扬。小论文属于

1　论文的题目是“万德尔的转化”。吉亚科莫·蓬齐奥（Giacomo Ponzio，1870—1945）1915 年至 1941 年是都灵大学的普通和无机化学的正式教授，同时他还是都灵大学普通化学学院的校长。

实验物理学：我曾对你说过的那种实验。

泰西奥：蓬齐奥教授，你敬重他吗？或者说，你选择他作为论文的指导老师，是因为他更可能接受吗？

莱维：不是，不是。我选择那篇论文，因为我喜欢那个论题，而他也马上就接受了。他很聪明，我准确地记得他对我说的话："您是一位极其杰出的学生，但我不能接受您。"由于种族法令。

泰西奥：那么，假如没有种族法令的话，你就可能继续在大学里了。

莱维：我肯定可以完成大学生涯了。

泰西奥：场所是马西莫·阿泽廖大街的那个校园吗？

莱维：是的。

泰西奥：是那些带清真寺尖塔的？

莱维：那些带有清真寺尖塔的，不存在了。它们被拆毁了。还留下了一个，生理学教学楼的那个，可是化学教学楼的那个，他们把它拆毁了。清真寺的尖塔曾经是一个燃烧的烟囱。

泰西奥：那时候的都灵，你记得它是什么样？

莱维：这有点困难，我记得并不是很清楚。肯定那时的路比现在更好走，步行也更为令人愉快，没有这么多汽车。

泰西奥：但是这座城市，你住在那儿就从来没有到过别处，你没有改变一切的愿望吗？

莱维：那些始终都是有条件的逃避。也就是说，我希望旅行，但还是要回到这里。

泰西奥：是否可以说，你是喜欢坐着不动的人？

莱维：是的，我是习惯于坐着不动的人。

泰西奥：我们还没有探讨，在这个时期前后你的阅读问题。

莱维：从高中往后吗？你有我的《寻根》（*La ricerca delle radici*）选集可以查看的……其他的，很少了。好吧，我父亲常带大量书籍回家，比方说，有切利内（Céline）[1]的，多

1 切利内（Lous-Ferdinand Desfouches 的笔名，1894—1961）：法国小说家。——校者注

斯·帕索斯[1]的……

泰西奥：切利内？你说的是切利内？

莱维：切利内，是的。

泰西奥：切利内有没有触动你的内心深处？

莱维：我不喜欢他那种风格，我感到他很混乱、无政府主义，不过，我读过他，像《魔山》（*La montagna incantata*）。

泰西奥：还有其他的吗？

莱维：我很喜欢那本。

泰西奥：后来为什么得了病？是肺结核吗？去了肺病疗养院？

莱维：既是又不是。我对形而上学的讲话，比如纳菲塔与塞腾布里尼的讲话感兴趣。我对环境感兴趣，我对人物感兴趣，疾病我忽略了。

泰西奥：作为读者，你是怎样的？

1 多斯·帕索斯（Dos Passos，John，1896—1970）：美国作家。——校者注

莱维：一个带着放大镜的读者，我对句子的结构感兴趣。这种对语法的酷爱，我对你说过。

泰西奥：在我看来，所有这些都指向你那“被捆住的”风格。我相信，也许需要举例说，做一项对于你的相对论的研究。

莱维：会很有意思吧。

泰西奥：回到托马斯·曼上，《魔山》绝对是一本大学读物。

莱维：大学的，是的。其他的，如多斯·帕索斯、福克纳，我对他们记不清楚了。

泰西奥：维托里尼[1]或者帕韦塞[2]是这时候读的吗？

---

1 艾利欧·维托里尼（Elio Vittorini，1908—1966）：意大利小说家，现代主义小说代表作家。他年轻时中断技校学业，离乡背井外出谋生，做过会计和建筑工、校对和排版工。1927—1938 年，他在佛罗伦萨接触到进步文学杂志《索拉利亚》（*Solaria*）的文人，1931 年开始在该杂志上发表一些短篇小说，后集结为《小资产阶级》。他的第一部长篇小说《红石竹花》也是在杂志上连载，后遭法西斯当局查禁而停发，直到 1948 年才正式问世。小说《西西里的谈话》（1941）是维托里尼最成功的一部作品。——译者注

2 切萨雷·帕韦塞（Cesare Pavese，1908—1950）：意大利新现实主义的代表作家和诗人。1932 年毕业于都灵大学文学系。法西斯统治时期，曾被判流放三年。1936 年出版第一部诗集《令人疲惫的劳动》，1941 年出版第一部小说《你的家乡》。“二战”结束后，他加入意大利共产党，后来又创作了不少优秀的文学作品，如小说《同志》、短篇小说集《美好的夏天》等。1950 年发表的长篇小说《月亮与篝火》（获斯特雷加奖）被认为是他最成熟的代表作。——译者注

莱维：没有，我读的好像是达奥利奥的版本。

泰西奥：那你认为帕韦塞和维托里尼怎么样？

莱维：维托里尼的作品，我没有读过，帕韦塞的也是。

泰西奥：你是大学毕业后才发现他们的？

莱维：是的。

泰西奥：你还记得当时的哪些作家？

莱维：我也读过许多不太好的东西。我读过肖洛姆·阿施（Sholem Asch）[1]、杰克·伦敦、吉普林[2]。这些几乎是必须阅读的材料。

泰西奥：圭多·达·韦罗纳也是吗？皮蒂格里[3]也是？

---

1 肖洛姆·阿施（Sholem Asch，1880—1957）：波兰裔美国小说家和剧作家，他用意第绪语进行创作。——译者注

2 拉迪亚德·吉普林（Rudyard Kipling，1865—1936）：英国作家，曾得过诺贝尔文学奖。——译者注

3 圭多·达·韦罗纳（Guido da Verona）是圭多·韦罗纳（Guido Verona，1881—1936）的笔名，而皮蒂格里利（Pitigrilli）是迪诺·塞格雷（Dino Segre，1893—1975）的笔名，这两位游走于色情和幽默之间的受人欢迎的作家，在两次世界大战期间拥有很大的受众。

莱维：不是，这些读物是我父亲不愿意带回家的。

泰西奥：韦尔内呢？

莱维：韦尔内，自然是了。

泰西奥：没有萨尔加里。

莱维：没有萨尔加里。萨尔加里的，实际上，我读过一本，但它没有告诉我任何特别的东西。

泰西奥：没有任何禁止的读物。

莱维：没有。我没有买过书。书都是我父亲买的。

星期日，2月8日

莱维：我们谈到哪里了？

泰西奥：到了大学的年代，以及后面一些事情。

莱维：我不记得我们已经说过什么，还有什么我没说。

泰西奥：没关系，我们会有办法返回的。

莱维：我的故事是在毕业后马上开始的。我曾经很需要赚钱，因为我父亲当时病得很重，当时我们头脑里最离奇的想法就是建立一个属于自己的实验室。

泰西奥：你在《元素周期表》中谈过这一点。

莱维：没有，我觉得没在那里面讲过。

泰西奥：我觉得是在《砷》中，当你讲到修鞋匠，讲到要做的研究分析时。那不是关于属于自己的实验室吗？

莱维：是的。但有一个前例，发生在那之前。与同一个人，与《元素周期表》提到的同一个朋友埃米利奥。

泰西奥：可以知道他的真实姓名吗？

莱维：可以，他叫阿尔贝托·萨尔莫尼（Alberto Salmoni），正是他的父亲在英格兰大道上拥有对屠宰场牲血的垄断，并拥有一个房间。[1]我们考虑过在那里安家。

泰西奥：在英格兰大道？

莱维：是的，现在那里有 Sip[2]，过去曾经有屠宰场。

泰西奥：老的屠宰场。

莱维：是的。我们建立了一个属于自己的实验室，为的是大规模生产滴定试剂；后来，这件事由别人来做了。以我们当时拥有的资源，这是一个疯狂的想法，我们没有资金。

泰西奥：什么是滴定试剂？

莱维：是一些管形玻璃瓶子，里面含有数量准确、精确称重过的化学品，比方说，硫酸或苛性钠，或者高锰酸盐，还有其他的。

1　阿尔贝托·萨尔莫尼是《元素周期表》里的短篇小说《锡》（“Stagno”）中叫埃米利奥的人物的真实姓名。在前面引用过的传记《双键》中，甚至有关于他爱上卡罗莱·安杰尔的篇幅。

2　Sip 为意大利电话公司的缩写。——译者注

泰西奥：为了不同的用途？

莱维：用于分析，用于其他的实验室，用来滴定，也就是用来确定其他物质的成色。这件事持续的时间很短……

泰西奥：阿尔贝托·萨尔莫尼——请原谅，假如我时不时地打断你的话——他曾跟你同班？

莱维：是的，他是我的同学，同一个班级的同学，也是和我共同经历漫长历程的伙伴，因为他现在还是我的朋友。

泰西奥：你们是在大学还是在达泽利奥认识的？

莱维：我们是从赛斯特利奥回来的一辆旅游大巴上认识的，在那里有一个极其漂亮的男孩子，他唱歌唱得非常好，后来我认出来是他。但我不知道他是犹太人。通过一次更为仔细的审查后，我发现，他与“沙洛姆”（Shalom）有关系，“沙洛姆”意思是本质上的和平，它是“萨洛蒙”（Salomon）[1]的一种缩写形式。我不知道他是犹太人，在体格特征上，在做事方式上，他一点儿也不像犹太人。那时他是一个漂亮的小伙子，直到现在他也是一个美男子，甚至于——可以顺便说一下——当种族法令传下来的时候，他曾经问过我：“那你怎

1 萨洛蒙可作犹太人的名字。——译者注

么摆脱困境呢？”我当时极为恼怒，因为我想着他的提问太冒失：“我会凑合过去的，你个雅里安教徒，你自己去应付吧。”而他却对我说：“不，我也是犹太人。”好了，这个实验室维持了很短时间，因为我收到了到巴兰杰罗应聘的建议，我在《元素周期表》的《镍》里面讲述过的那个建议。

泰西奥：那仅仅是一个想法，还是你们真的建起了实验室？

莱维：不，我们确实以粗糙的、冒险的方式，在屠宰场内自行装备起来了。那是一个绝对令人讨厌的场所。

泰西奥：它维持了多长时间？

莱维：维持了可能一个月吧。

泰西奥：这么说，很短，你能准确地告诉我年份吗？

莱维：毕业那年的秋天，也就是1941年。

泰西奥：你刚刚说令人讨厌？

莱维：是的，特别是那个场所。整个屠宰场是令人反感的，尤其是那个场地，因为里面全是血，凝固的血。后来我在《镍》里面讲到了这些，同时借此描写了阿尔贝托的父亲。阿尔贝托当时处于父亲的保护之下，他父亲慷慨地让我们使用这些场地中的一处。

泰西奥：他后来做了什么？

莱维：他父亲？

泰西奥：不是，阿尔贝托·萨尔莫尼。

莱维：他改换过不同的职业。现在他什么也不干了。也就是说，他甚至拥有了一个文具店，但实际上他算是退休了。

泰西奥：因此，这是你的第一个计划，至少在一段极短的时间里实现了。

莱维：是的。

泰西奥：你从来没有幻想过其他事情，在你的头脑里曾经思考过某些其他的事情吗？

莱维：我想过从这件事情中生出其他的事情。我们开始建立一个小实验室，然后再看看可以做些什么，假如不做我刚跟你说的那些东西的话：做分析用的试剂，为他人做实验准备。在战争时期，可以找到这些事情。当时缺少许多原料，但有做合成的方法，我们在战后很快就做成了这些事。

泰西奥： 你从来没有想过建立一个更雄心勃勃的企业？

莱维： 但是，在那种条件下，战争还在进行，种族法令还在实行，当时仅有一种幸存的经济，只能想到当下，过一天是一天。最有远见的人想的是，无论是在失败的情况下，还是在德国胜利的情况下，对于意大利的犹太人而言，形势都是恶劣的。当时人们处于一种极大的困境之中，所以是生活在一种极端不稳定的局势中。

泰西奥： 既不允许梦想，也不允许设想。

莱维： 不允许，没有任何打算。好像能感觉到悲剧，但哪种悲剧，尚不得而知，我不知道事情将会怎样发展。但恰恰是在这个短短的时间结束之后，我到了巴兰杰罗，还不错，甚至我还觉得挺好，因为我喜欢工作。

泰西奥： 去巴兰杰罗的建议是谁给你的？

莱维： 是恩里奥·马里奥蒂[1]，他五六年前去世了。

1　在短篇小说《镍》(《元素周期表》) 中，他对应着“中尉”这个人物。他是在 1982 年离世的，所以是在我们谈话的五年之前。

泰西奥：他是谁？他曾做些什么？

莱维：他是军队的中尉，家庭里的反法西斯主义者。他父亲曾在佛罗伦萨枪击过法西斯主义分子。恩里奥来自佛罗伦萨，是一个非常聪明的人，也非常刚强有力，曾经带着深恶痛绝的心情服了兵役，而在对我的态度上，他是非常专断独行的。以至于我的反应几乎是一种造反。我找到了“我的”离析镍的方法，而他对此耿耿于怀，非常不满；还因为，在这个我们称之为“一个小小的发现”之后，我被发配到热那亚，甚至到了科尔尼利亚诺，在那里，有一个军事实验室，出于我是犹太人的这个事实，我的工作始终是以半秘密的方式进行，为的是实验其他浓缩这种材料的方法，为的是完善这种方法，等等。

泰西奥：你在那里停留了很久吗？

莱维：我在科尔尼利亚诺停留了也许两个月的时间，我有了属于自己的专利，我做过一个相当错误的事情，但正如我对你说过的那样，那是一个悲惨的年代，而我是这样考虑的：有一个以自己的名义得到的专利，便是一个理由。假如我必须逃到瑞士或者某个其他的地方，这个理由便会有用。

泰西奥：那你在科尔尼利亚诺生活？

莱维：我在热那亚生活，我在那儿有些亲戚，只是在科尔尼利亚诺工作。

泰西奥：这么说，你在那里生活了一段时期，它正好和你在巴兰杰罗工作重合了。

莱维：科尔尼利亚诺是在最后，在巴兰杰罗之后。

泰西奥：当时和巴兰杰罗的关系已经结束了？

莱维：没有，职务是巴兰杰罗的。

泰西奥：在这之后呢？

莱维：后来我回到了巴兰杰罗，关于镍的故事完结了。正如我所讲述的那样，在别处有着更为丰富的镍矿，继续勘探就不再值得了。顺便说一下，故事并未结束。按着镍的市场需求，仍然还有人去巴兰杰罗挖掘，试图找到从这种如此贫乏的材料中提取镍的更为精制的方法。

泰西奥：成功了吗？

莱维：从现在看，还没有。

泰西奥：是秘密进行的吗？

莱维：以地下的方式。他们是一些业余爱好者、一些小化学家。据我所知，大工业还从来没过问，但这个工作很吸引人，因为材料已经弄碎了，因此，碾磨工作的最重要部分已经做了。

泰西奥：那按你的看法，这项研究今天仍能给出成果？

莱维：一切都取决于镍的国际价格。如果镍的市场繁荣兴旺了，那就可能值得去做，值得再去尝试一下。

泰西奥：一切都建立在市场的无法估计上，或者已经出现了一种正在变成现实的倾向呢？

莱维：很不好说。时不时会有人对我说，想来找我谈谈，以便重新考虑我形容过的这个老想法。它并不是一个完全废弃的东西。

泰西奥：我们再回到埃尼奥·马里奥蒂上。

莱维：是的，这就是了，我把专利权给了自己，而不是巴兰杰罗的采石场。他把这看成我这方面的一个错误。

泰西奥：可你确实给了它专利权吗？

莱维：是的，是的。

泰西奥：巴兰杰罗的经历持续了多长时间？

莱维：持续了大约六个月。

泰西奥：在那里你对什么人有特别的记忆吗？

莱维：有，和经理，我对他记得非常清楚。他当时很年轻，十分强壮有力，刚刚与一位白皮肤的突尼斯姑娘结婚，她是一个突尼斯籍的法国人。经理对我非常热情，他理解我的处境，尤其是在我父亲去世之后，这事发生在1942年3月，当我在巴兰杰罗时。他邀请我到他的家里去下棋。总而言之，我们相当友好。

泰西奥：简短地插一句。你从什么时候开始下棋的？

莱维：噢，在一个很遥远的时期，同我父亲玩过，是他教给我的。起初总是他赢，后来我便开始战胜他。并不是因为我比他下得更好，而是因为年龄带来更大的注意力、更强的记忆力……正如我的儿子现在会战胜我一样。

泰西奥：经理叫什么？

莱维：马尔基奥利。

泰西奥：你记得他的名字吗？

莱维：不记得了。

泰西奥：他是一个可以查到的人吗？

莱维：查不到了，他也在几年前辞世了。

泰西奥：当时他生活在都灵吗？

莱维：不是，他始终生活在巴兰杰罗，成了采石场的总经理。不对，他当时不在巴兰杰罗，他去了伊斯普拉，我不记得是出于什么原因了。

泰西奥：无论如何？你当时是以一种半地下状态生活在那里的？

莱维：是的。

泰西奥：是因为什么才这样生活？你生活在那里，有一个自己的房间吗？

莱维：是的，我有一个小房间，我去一个工人的家里吃饭，他们全家人都很亲切。

泰西奥：人们对你的状况知道些什么？

莱维：他们是猜测出来的。

泰西奥：不应该讲一些吗？

莱维：甚至，正如我所写过的那样，曾有一位姑娘当我的助手，她是一个法西斯党魁的女儿。这党魁本人还邀请我吃过饭。

泰西奥：这是些只能够发生在我们身上的事情吗？

莱维：一般地说，只能发生在意大利，特别是在圣·维托雷的采石场上，因为那是一种共和政体，一个距离平原五公里的偏僻的地方。

泰西奥：也是一个迷人的地方。我记得它是在朝兰佐去的方向的右侧。

莱维：它的确是一个引人入胜的地方，是的。但现在它不再是这样了，我描写过的那个锥状体现在被打破了底，一面岩壁没有了。它有一个巨大的混凝土底座，由于同时可以确定的是，石棉是有害的，或者至少是危险的，全部工作都变成自动化的了，完全改变了。

泰西奥： 真的是如此——你曾经对我说过，当英国广播公司来的时候，他们不想去那儿，只是提出了一些问题。

莱维： 是的。

泰西奥： 但是恐怕还不能说，你建立了名副其实的友谊。

莱维： 不能，友谊，谈不到，我也不想要。

泰西奥： 是由于自己的秘密处境吗？

莱维： 再说，跟谁建立友谊呢？我是唯一的化学家。马里奥蒂中尉每个星期上来一次，当时我相当的孤独。

泰西奥： 采石场附属于军队吗？

莱维： 采石场附属于一家叫作科杰法格的公司，科杰法格是为战争提供服务的总军需部。人们认为，石棉可能是具有战略和战争意义的一种材料，因此，当时有一个军事监察员会时不时地来走访，他没有伤害任何人。

泰西奥：你说过，这延续了六个月？

莱维：是的，从 1942 年的 1 月到 7 月，包括在科尔尼利亚诺的两个月，不过，也许不是两个月，可能只是一个月。

泰西奥：那后来呢？

莱维：后来我接到了一个从米兰打来的电话。有两件事情：一件是，正像我曾对你说过的，镍的历史结束了，他们提供给我在那里的其他工作的机会，可我有了一个米兰提供的工作，这个公司就是后来的万德尔，做“奥沃乌尔蒂纳”的那个，于是我马上接受了它，还因为我在米兰有亲戚，他们接待了我。

泰西奥：还有诗歌《克雷申扎戈》。我们一起回忆下整个团体吧？我知道，当时有些同龄人。

莱维：是的，差不多是同龄人吧。有一个我的表亲，更准确地说，是我妈妈的一个表姐妹，她与她妈妈住在米兰的市中心，她租借给我一个房间。

泰西奥：那你经常从米兰旅行到克雷申扎戈？

莱维：我乘有轨电车或骑自行车从米兰旅行到克雷申扎戈。

泰西奥： 对于那个时期，你有什么记忆？

莱维： 有很好的回忆，那是一些极为多产的丰收岁月。我们当时一共七个朋友[1]。

泰西奥： 你能为我列举一下吗？

莱维： 那当然，我能列出他们。卡拉·孔松尼、西尔维奥·奥尔托纳、埃米利奥·迪耶纳、建筑师欧金尼奥·真蒂利，那位万达·马埃斯特罗，也就是那位曾经跟我一起被遣送，后来去世了的姑娘，我在《这是不是个人》中含糊地提到过，还有接待过我的表姐妹，她去年因患阿兹海默症而辞世，然后还有我，组成了七位。我们唱着歌，一起度过了一些美好的晚上；唱着各种有不同渊源的歌曲，用黑市上的食材安排秘密晚餐。

泰西奥： 你唱歌怎么样？

莱维： 最糟糕的。

泰西奥： 无论如何，当有必要，你还是会唱。

---

1 他们是莱维在都灵的七个朋友（加上莱维本人），莱维在短篇小说《金》（《元素周期表》）中讲过。关于这些人，三部莱维传记（伊恩·汤姆森的，迈利阿姆·阿尼西莫夫的，以及卡罗莱·安杰尔的）都重现了他们复杂的关系，这三部传记是现今所有的关于普里莫·莱维的传记作品。

莱维：是的，我唱歌。我们曾经有一个保留剧目，我们用唱歌来度过晚上。

泰西奥：是一个什么类型的保留剧目？

莱维：瓦尔多派[1]的歌曲，犹太人的歌曲，法国歌曲。

泰西奥：你能引用其中的某些吗？

莱维：首先是山区的歌曲，我可以举出许多来。但是试唱，还是免了吧。

泰西奥：我没有要求你试唱它们。

莱维：它们没有歌名。

泰西奥：某些歌的开始几行呢？

莱维：*Il n'avait qu'une fille* 和 *Enfants de la mort laissez-vous conduire*[2]。这些是源于法国的歌曲，因为西尔维奥·奥尔托纳有许多法国朋友，他们教给他一些法国歌曲。

---

1 瓦尔多派是 12 世纪创始的一个基督教的教派。——译者注

2 这两首法文歌的歌名大意分别是“他只有一个女儿”，“死去的孩子让你们继续行进”。——译者注

泰西奥：这个群体的领导者是谁？

莱维：我可以说，领导权是西尔维奥·奥尔托纳和我在竞争的。西尔维奥·奥尔托纳在政治上更加成熟，而我则更为多才多艺。在那段时间，我还写过一篇东西，事后我也从未说过。我写过一篇小说，它从未完结，是关于一个男人的，他生活在时间之外，他渗透到时间里，他被时间拖拽着。我保存着这篇东西，但没有发表，成了未出版物。

泰西奥：它的篇幅有多长？

莱维：二十页。

泰西奥：你从来没有考虑过要把它重新拾起来？

莱维：没有，它是一个绝对幼稚的故事，华而不实。并非写得不好，而是过分注重形式。

泰西奥：总而言之，你没有觉得它是你的东西；从风格上来讲，你感到不满意。

莱维：不满意，那篇小说受到《魔山》里的天气和山脉的影响。为什么在那段时间，我没有说出来？我们那时对山脉十分狂热，男男女女都是。我们做过一些可怕的事情……

泰西奥：你们从米兰到哪里去？

莱维：星期六的晚上，我们骑着自行车，从米兰去格里尼亚。

泰西奥：是的，你讲过这些。

莱维：有五十公里。在我看来，星期六晚上，我们骑到巴拉比奥，跟没什么事似的，然后我们又爬坡，一直到山中旅店卡洛·波尔塔。我们在这个山中旅店睡觉，然后第二天，我们完成到格里尼亚的路程，很费劲。我脑袋上有一个洞，现在还能感觉到。

泰西奥：我能碰它一下吗？

莱维：你能感到在头骨里面有一个凹下去的地方吗？是他们往我头上扔了一块石头。

泰西奥：也就是说，一个人当时正向你……

莱维：另外一个登山的团队，的确是另外一个团队，向我扔了一块石头，它几乎打破了我的头盖骨。

泰西奥：也许你已经对我讲过这些了。后来你不得不冒险凑合应对一下了，因为伤口流了很多的血。

莱维：流了太多的血，或许我对你讲过了。血都流进了衣服里面，又从裤子里面流了出来，出血很多，但是我仍然是骑着自行车回的米兰，我就这样用棉塞凑合着堵住了伤口。奇怪的是，仅仅是一天之中，星期六和星期天，我居然设法处理好了我所有的伤疤。你看，这个，这里的这个老茧……因为，为了往上走到巴拉比奥，我在自行车上放了一个固定的链轮，链轮十分坚硬，我用坚硬的链轮蹬着车的踏板。后来过来了一辆小卡车，我便抓住小卡车的边栏，贴附在车身上，我忘记了踩踏板还往前走着。于是，小卡车把我甩出自行车，最后我就被摔到了墙上，我的整个大拇指都被撕裂了。第二天就发生了挨石头的事情。

泰西奥：不过，你当时有点胆大妄为了。

莱维：是的，我是有些胆大妄为了。

泰西奥：正如你已经对我所讲述的那样，你做了一些不谨慎的事情。

莱维：是的，我做了一些鲁莽的事情。

泰西奥：不过，领导权和冒失也帮助你战胜了胆怯，是不是？

莱维：在某种意义上，是的，但仅仅是在某一种意义上，因为我对女孩子们的这种胆怯仍然留下来了，仍继续存在。是的，我和万达·马埃斯特罗之间存在着一种胆怯的恋情，它导致我们同时被俘虏，关于这一点，我已经对你讲述过了。

泰西奥：在任何情况下，它们都曾是滋养人的年代。

莱维：滋养人的年代，还因为它们包含了 7 月 25 日，包含了巴多利奥[1]。在 7 月 25 日，每个人都选择了一条道路。应该说，我对政治懂得得极少，直到现在，我仍然懂得很少，我是一个糟糕的政治家，但是我选择了“行动党”，我自认为是行动党的一员。当时没有一个真正被称为“报名加入”的手续，我带着报刊……

泰西奥：作为政党，它是后来诞生的。

莱维：后来它作为政党诞生了。

泰西奥：它也很快就死去了。

1　巴多利奥（Pietro Badoglio，1871—1956）：军人，政治家。1925 年，他征战埃塞俄比亚，后被任命为总督。墨索里尼于 1943 年 7 月 25 日被捕后，巴多利奥被国王召见，成立了临时政府，并与英美联军签署了停战协定（1943 年 9 月 8 日）。随后巴多利奥与国王一起逃至南方勃林迪西城（普利亚大区），迁至萨莱诺（坎帕尼亚大区）后，与其他反法西斯政党成立了第二个意大利政府。——校者注

莱维：是的，它也很快就死去了，但那时就已经叫“行动党”了。

泰西奥：西尔维奥·奥尔托纳呢？

莱维：西尔维奥·奥尔托纳变成了共产主义者，直到现在仍然是。其他的人都是“行动党”的。

泰西奥：但是关于政治，你们当初谈论还是不谈论，还是只谈论一点点？

莱维：你看，事情是从巴多利奥爆发的，延续的时间极短，四十五天，我们做到了让你都预想不到，也就是说，让所有的人都去科涅休假，不理会正要发生的或者很明显将会发生的事情。但是他们对我们说，在布雷内罗[1]，当时有意大利的军队几个师，他们会设置屏障，而德国人可能来不了。我们相信了这种状况，便在科涅完成了相当胆大妄为的游玩。就在这样的一次远足过程中，西尔维奥·奥尔托纳跌下去了，摔碎了门牙。他跌下15米的高度。

泰西奥：一件严重的事情。

---

1 布雷内罗（Brennero）：意大利与奥地利交界的阿尔卑斯山山口（海拔1370米）。——校者注

莱维：一件严重的事情，他出乎意料地得救了，他摔在岩石壁的一小块突出处上得救了。

泰西奥：仍然让我觉得难以置信，但愿我能够相信这不可相信之事吧。

莱维：这很典型。不过整个意大利，不只我们如此。整个意大利都处在这种境地之中。7 月 25 日是一个盛大的狂欢，还有 9 月 8 日，那一天是停战的日子，所有人都到广场上，一整天高喊“万岁”。

泰西奥：你们就这样度过了整个那段时间。

莱维：我们以最无忧无虑的方式度过了巴多利奥执政的四十五天，不过不仅仅是我们。意大利所有的“kurort”[1]都住满了人，尽管存在着战争，尽管威胁——这是事后诸葛亮——显而易见，也是近在眼前的。

泰西奥：你对我讲过一次，你在米兰那段时期也是一个阅读的时期。

莱维：是的，不过如果要我告诉你，我那时候读了

1 “kurort”是个德语单词，指的是疗养的地方，气候适宜的疗养胜地。

什么，我不记得了。也许我读过《布登勃洛克一家》(*I Buddenbrook*)，但我记不清楚了。再说，我们也没读很多书。当时我们忙于这种复杂的友谊。

泰西奥：不管怎么样，你那时写出了第一批东西，除了你从前已经写过的、放入《元素周期表》的两部短篇小说。如果我没有说错的话，短篇小说似乎可以追溯到巴兰杰罗的时期。

莱维：是的……不过你听着，在这里，我应该做一个坦白。

泰西奥：你希望我把它录下来，还是关掉录音机？

莱维：随你的便……这不是真的，我写出那些短篇小说不是真的……

泰西奥：也就是说？

莱维：我是后来才写出它们的，我随便把它们归到了那个时期。

泰西奥：我并不觉得这有多严重。在我看来，在运用虚构上是合法的。再说，有那么一段文字，促使人们相信一种窘迫、一种经验不足。

莱维：那是假装的。

泰西奥：正是。在文学领域，把虚构的东西说成真实是合法的。

莱维：这就是了，把它们说成真的。那两篇小说，我把它们填倒了日期。我还写了那首诗歌《克雷申扎戈》，它是典型的孩子气的。

泰西奥：那首诗，你确实是在米兰时期写的？

莱维：是的，那首，真的是。

泰西奥：那么，如果你愿意，请回答我，为什么揭露出你认为不真实的一件事？更何况你认为这是很不合适的。

莱维：类推嘛。因为我对所有的人都说过了，并且我也写过了。

泰西奥：可这不是一个“超我”最为明显的结果吗？

莱维：可能吧。无论如何，这两篇小说我并不是与《元素周期表》一起写出来的。我是分开写出它们，后来又把它们加进《元素周期表》，编入了短篇《汞》和《铅》。

泰西奥：在米兰期间，你只写了《克雷申扎戈》，还写了其他的吗？

莱维：是的，我没有写过任何其他诗歌。

泰西奥：你也没有酝酿过别的写作纲要？

莱维：我对你说过那个，那篇开始写但没有完成的短篇，当时没有任何进展。

泰西奥：你的朋友们也都从事过写作？

莱维：我的朋友们也都写作过，这是事实。西尔维奥·奥尔托纳写过一篇哲学论文，欧金尼奥·杰恩蒂利写过一篇所谓的反小说，我的表姐妹阿达·德拉·托雷，先前我没有告诉你她的名字……

泰西奥：当你为《贝尔法戈尔》[1]写评论时，你已经对我说过了……

莱维：是的，她写过诗歌，她在“达奥利奥”出版社工作。因此，我相当专注于一种文学的环境之中，仿佛写作某些东

1 《贝尔法戈尔》：一本意大利的杂志。——译者注

西是必需的。

泰西奥：所以，这并不是一种内在的推动、一种你自身的急迫性。

莱维：不是，是出于模仿。

泰西奥：但也是因为写作的某些想法，在此之前你已经有过了。你在高中时，从来没有过写作的企图，从来没有尝试过？

莱维：没有，从来没有。

泰西奥：你正在跟我讲的这段时期延续了多长时间？你在巴兰杰罗一直待到1942年6月吗？

莱维：是的，在米兰待到大灾难，直到1943年9月8日为止。

泰西奥：那9月8日你是在科涅吗？

莱维：不，不是，我已经在米兰了。

泰西奥：那时万德尔的工作环境是怎样的？

莱维：关于我在《磷》这个短篇中所写过的那些，我能补充的很少了。甚至在我看来，我好像已经讲的相当多了。那是一个完全没有生机的环境，有我保留下来的那位亲爱的女性朋友，另外，她是——我没有写过——有严重生理缺陷的残疾人，她一直是这样，是天生的，但她同样过着一种充实的生活。

泰西奥：也因为这个，你非常关心这位生活在“钢肺”里的姑娘，她叫什么名字？

莱维：罗桑娜·本齐？不，是她和我联络的。这是一个独特的情况。[1]

泰西奥：你曾经说过，这种情况一直延续到 9 月 18 日。那后来呢？

莱维：很快，总之随着德国人到达米兰——我记得好像是 9 月 10 日——我回到了这里，当时有那些在苏佩尔加附近和我失散的人。我的祖父拥有一个农场，那是半个修道院，我

1 罗桑娜·本齐（Rosanna Benzi，1948—1991）在还不满 14 岁的时候得了脊髓灰质炎，因而被迫在一个钢制的肺里度过她的生命。然而，她勇敢地投入对残疾人有益的工作中，同时还要应付棘手的话题，比如残疾人的性问题；通过她所创建的杂志《他者》（*Gli Altri*）和她的书籍——其中一些书反响极大，诸如《活着的缺陷》（*Il vizio di vivere*，1984）、《在一个房间里转圈唱歌》（*Girotondo in una stanza*，1987）等。普里莫·莱维为她写过文章，并在《新闻报》上谈及这些情况。

们整个大家庭临时住在那里。大家又重逢了，我们考虑要做的事情，然后做出决定：母亲、妹妹和我要去奥斯塔山谷，我们在那里有些熟人，从奥斯塔山谷——从萨伊特-温琴特——他们推荐了我们一个地方，在科尔·迪·约乌克斯的一个偏僻的小旅店，这个小旅店至今还存在，但是现在有了直达那里的道路，而那个时候公路是没有的，得步行一公里高低不平的路程，然后我们就在那里安顿下来，我母亲、我妹妹和我在这个小旅店里等待着可能发生的事件。后来四面八方都开始有士兵来到。在这些人中，有一个人是我的同学，他比我小一岁。

泰西奥：是在达泽利奥高中的同学还是在大学里的？

莱维：在达泽利奥。当时我们有一小段时间互不理睬，另外，这种装作互不认识的虚情假意也是愚蠢的，于是诞生了声称“我们是游击队员”的想法，但那时一切都是如此的不稳定，如此的粗俗，如此的原始，我们没有接触。我们的想法是必须做点什么事情，拿起武器，但是，我们没有武器。我们开始相互联络，我们在周围聚集了一个有十二人左右的年轻人小组，他们像我们一样缺乏经验。当时只有一个人具有某些军事经验。

泰西奥：小伙子们怎么样？

莱维：他们本该在征兵时出现，然而都没有。其中一位是犹太人。

泰西奥：你们是从哪里把他们聚集起来的？

莱维：是他们自己来的，他们来到了小旅店，他们去那一带是为了寻找一个藏身之处。

泰西奥：那地方叫什么名字？

莱维：叫作阿马伊。它并不是一个旅店，是一簇房子，共有五间。

泰西奥：现在还存在吗？你回去过吗？

莱维：是的。

泰西奥：这就是了，你说到的那些小伙子，是上来寻找一种解决办法的。

莱维：他们也是带着模糊的想法，想武装自己，想进行抵抗。有些人带着左轮手枪，我们后来还找到了一支冲锋枪，我不记得是谁把它带来的。一切都是模糊不清的。

泰西奥：虽然模糊不清，你们还是想组建一支小游击队的人马。

莱维：是的。

泰西奥：那你们是否寻找联系，以便与某些人结合起来？

莱维：是的，是的，我们当时正在寻找其他人，也找到一些。后来发生了一件事，在附近的小山谷里——阿雅斯山谷——有一队庞大的人马，他们组织得很好，袭击了伊夫雷亚的兵营，并且抓了一些俘虏，还杀死了几个人，我记得好像造成了一次大规模的报复行为。一共300名军人从伊夫雷亚出发，进行了一次钳形包抄战术。他们一直上到萨伊特-温琴特，而且发现了我们。

泰西奥：他们找到你们时，你们手无寸铁？

莱维：绝对没有武器。

泰西奥：是在白天还是在晚上？

莱维：是黎明。

泰西奥：你们在睡觉？

莱维：我们在睡觉。

泰西奥：那么发生了什么？

莱维：他们抓住了一些人。有些人逃跑了，因为他们及时得到了通知，我当时正在睡觉，我有一支左轮手枪，他们没有找到。他们把我带到阿奥斯塔，在阿奥斯塔，他们询问我在那里做些什么，我说我是犹太人。我愚蠢地对他们说了出来。

泰西奥：是什么促使你说出来的？

莱维：很难再回忆起当时的想法。部分地说，因为我有一些假证件，那么假，以至于……

泰西奥：你没有经受得住？

莱维：再说，是他们自己——法西斯分子，而不是德国人——说："如果你是游击队员，我们就枪毙你，但如果你是一个犹太人，我们就把你送到卡尔皮，在那里有一个收容营，你待在那里一直到战争结束。"然后，也是我的愚蠢、盲目，以及正像我对你说过的，马后炮……我当时相信，萨洛[1]政府

1　萨洛（Salò）：意大利北方加尔达湖东岸的一个小镇。1943年至1945年4月，墨索里尼在那里建立了意大利社会共和国政体。——校者注

可能是一个稳定的政府，不会受到德国人的干预……预见未来……再说也有某种自豪感。

泰西奥：我要问你的恰恰是这个。还有某种归属感在起作用吗？

莱维：当需要的时候，我们知道如何保卫自己的国家，也愿意保卫自己的国家。除了这一切，我似乎还应该为自己“创造”一支我必须属于它的军事支队，但我不知道如何找到它。我当时处于参军的年龄，也在军事的环境中，但为什么我不是军人呢？这有一个原因。

泰西奥：为什么你没有参军？

莱维：当时有种族法令。

泰西奥：你在阿奥斯塔待了多长时间？

莱维：我从 12 月 13 日起在那里，当时他们抓住了我，直到遣送为止，这些你在我的书里能找到。我觉得好像是在 12 月 22 日离开的。

泰西奥：始终是在阿奥斯塔？

莱维：不，不是，我在阿奥斯塔大约待了一个月，是在军营里，在监狱的地下室里。

泰西奥：那里大概很冷吧？

莱维：是的，天气很冷。

泰西奥：你们有相应的救济吗？

莱维：有监狱制度，他们在中午以及晚上为我们送来浓汤，有放风的时候，有厕所。

泰西奥：是单人牢房，还是大家都在一起？

莱维：起初几天是我们都住在一起，后来，他们又把我们分开了。

泰西奥：你是处于孤立状态吗？

莱维：是的，孤立的。

泰西奥：你认为他们这样做是为了避免你们互相联系吗？

莱维：是的，应该是这样解释。

泰西奥：后来，一个月以后，你被运送到福索利[1]？你们是怎么到达那里的？

莱维：乘火车。我曾想方设法地拉拢一个宪兵。他们把我们委托给一些宪兵运送我们。我试图拉拢一个，但没成功。

泰西奥：他粗暴地拒绝了你？

莱维：他犹豫过，后来他说不行，信不过我。

泰西奥：你与营地看守人的关系是怎样的？

莱维：可以说他们是行为正派的，他们放过了许多事情，甚至于，当我们中的一些人需要去莫德纳看牙医的时候，他们还陪同呢。那是一个符合规则的制度，一切都让人以为，实际上它可以延续到战争结束。但后来，在遣送之前的不久，也就是2月中旬的样子，SS[2]到达了，他们把意大利人从营地政府的手里挑出来，在短短几天之后，他们就把我们装上了船。

泰西奥：从后勤的角度来看，营地的结构怎么样？

1　福索利（Fossoli）：卡尔比市镇的分区，“二战”期间，德国人在此建立过一座集中营。——校者注

2　SS是纳粹德国的党卫队，黑山队的缩写。——译者注

莱维：它直到现在还在。有些木房子是相当卫生的筑墙结构，带有中央厨房，天气很好。

泰西奥：那是一个面积很大的营地吗？

莱维：不，不大，只有半平方公里，过去曾经是关押英国战俘的营地。

泰西奥：你当时有什么样的任务？你做不做事情？

莱维：不做。

泰西奥：那个组织依靠志愿服务吗？打扫卫生，清洁厨房呢？

莱维：是的，厨房和打扫卫生是志愿服务。我做某些打扫工作，假如我没有记错的话。

泰西奥：其余时间呢？

莱维：什么都不做。

泰西奥：真的什么都不做？里面连书籍都没有吗？

莱维：是的……不，我忘记了，我在里面做过教师，我教小孩子们意大利语、拉丁语和数学。

泰西奥：你始终做这些？你认为那算是某种学校吗？

莱维：一所小型的学校。

泰西奥：你们中不止一个人做这个工作，还是只有你一人做这些？

莱维：有两三个人。

泰西奥：你们组织的教学是为了填补教育的缺失吗？

莱维：是的，做这一切正是因为幻想着事情能够那样延续下去。

泰西奥：那书籍、笔记本，是你们侥幸弄到的，还是存在设法弄到它们的可能性？

莱维：可以订购，可以直接在监狱中订，他们可以在莫德纳市预订。

泰西奥：是否有人能够成功地为逃跑建立了基础呢？

莱维：从福索利，没有任何人逃跑过。人们认为没有这种必要，再说，我们所有人都是平民百姓。逃跑需要有一种坚强的冒险精神，但我不相信逃跑是不可能的。我们所有人，或者说差不多所有人，都有家庭。自己独自逃跑，抛下朋友或亲戚们，好像是一件……事情……但我应该把没有试图逃跑归咎于其他许多错误的东西。

泰西奥：跑了会去哪里呢？

莱维：好吧，这个倒不是一个很大的问题。一旦跑出去，便可以去莫德纳，去找一位神父，寻求联络。

泰西奥：我们谈谈在福索利的人与人之间的关系，你结识过某些人吗？

莱维：有些非常令人喜欢的克罗地亚的犹太人，他们极其勇敢，也非常明智，他们对我们说过：“从这里是走不出去的。”

泰西奥：对于福索利，你在自己的作品里从来没有谈过很多。

莱维：我有些迟疑……有些迟疑。

泰西奥：你谈德国纳粹集中营远远多于福索利。

莱维： 那当然，我有迟疑。还有对这个女人，我对你说过的这个女人。

泰西奥： 那么，我们做一个较大的跳跃。我们试着谈一下德国纳粹集中营之后的事情，试着继续说一下职业的、工作的话题。

莱维： 工作之后，我相当快地在属于蒙泰卡蒂尼的阿维利亚纳的“杜科”（Duco）找到了工作。这份工作是令人不愉快的。“杜科”是一个很大的、受到损坏的建筑物，风穿堂而过。在那里，没有一个人关心我，直到发生“铬”的偶然事件。

泰西奥： 在那里你被安排到什么位置？

莱维： 我是实验室的化学师。

泰西奥： 这些你讲过了，你乘坐火车……

莱维： 是的，有时候，我骑自行车去。在阿维利亚纳的时候，我订婚了。

泰西奥： 这是那个时期最好的时光。但是你在“杜科”待了多长时间？

莱维：从 1946 年的 2 月到 1947 年的 6 月。

泰西奥：是什么促使你离开的？

莱维：什么事情促使我从那儿走出来？疯狂。是阿尔贝托·萨尔莫尼提出要一起重新开始的建议。这也是一个错误。我不能说它可能是一个错误，因为假如我留在“杜科”的话，我就可能会搬迁到科多尼奥去了，我就可能会在蒙特卡蒂尼[1]，在蒙特迪松[2]有一个完全悲惨的生涯了，我就将必须在科多尼奥安家，也将不会接受在“西瓦”（Siva）的那个职位了，这是符合天意的。

泰西奥：判断一个评价的错误与否始终是困难的。

莱维：就是这样。

泰西奥：与先前的安置相比，萨尔莫尼的新经历稍好一点吧？

莱维：是好一点，我们赚了一些，做了些事情。

---

1 蒙特卡蒂尼，爱迪生股份公司。——译者注

2 蒙特迪松（Montedison）：1966 年由爱迪生电力公司（创立于 1884 年）与蒙特卡蒂尼化工集团（创立于 1888 年）合并的意大利化工集团，当时它是意大利具世界水平的十大化工集团之一。——校者注

泰西奥：这一次的地点是在哪里？

莱维：在马塞纳大街43号……不，在相同的一侧，是42号。

泰西奥：有多少房间？只有一个住处？

莱维：一个房间和一个阳台，加上需要的时候，可以闯入一次其他的房间。

泰西奥：那设备呢？你们各分一半吗？你投入了份额吗？

莱维：我当时什么都没投入，我有一份薪水。全部都是阿尔贝托·萨尔莫尼投入的，我的薪水不够，因此当我得到转去"西瓦"的建议时，我马上就接受了。

泰西奥：我以为你会投资公司呢。

莱维：我没有钱。

泰西奥：那阿尔贝托·萨尔莫尼呢？他后来做什么？他关闭了工厂？

莱维：他也关闭了工厂。他又继续了几个月，后来他也找到了一份工作。

泰西奥：在“西瓦”的职务是谁为你提供的？

莱维：在“西瓦”，我有一个朋友的父亲，诺尔奇工程师，他是“西瓦”企业主的朋友。是这位工程师充当了中间人。

泰西奥：“西瓦”的企业主是……

莱维：费代里科·阿卡蒂（Federico Accati），他当时在寻找一位年轻的化学师，于是他马上给了我这个职位。

泰西奥：你很快就变成了领导者？

莱维：没有，我是作为“货车最后的轮子”进入的，作为实验室的化学师。

泰西奥：这发生在什么时候？

莱维：发生在 1947 年，不对，在 1948 年的 2 月。

泰西奥：这样你就开始去塞蒂莫旅行……

莱维：不是，在那个时期，“西瓦”是在都灵，在皇后大街。

泰西奥：靠近什么地方？

莱维：在可以射击的地方附近，在西部的尽头，在马丁内托[1]，“西瓦”留在那里一直到1955年，后来就搬迁到塞蒂莫了，我也跟着搬家了。

泰西奥：到那个时候，你已经有了些晋升？

莱维：我已经是技术经理了，前任技术经理去世了。

泰西奥：他叫什么名字？

莱维：奥斯瓦尔多·贾诺蒂（Osvaldo Gianotti），他曾是一位年长的化学专家。他当时的年龄就像现在的我，在我看来，似乎很老了。

泰西奥：因此，你成为技术经理。在一个技术经理和一个——我想象着——负责行政管理的经理之间，有什么区别？

莱维：怎么说呢，此外还有总经理。技术经理实际上就是生产的负责人。

1 都灵市的一个地区。——译者注

泰西奥：你是在哪年成为总经理的？

莱维：在 1961 年。

泰西奥：你留在那里一直到退休。

莱维：我是在 1975 年退休的，我又作为顾问留了两年。

泰西奥：1955 年当工厂搬迁到塞蒂莫时，你怎么去上班？有一首诗《西革拿街》（*Via Cigna*）[1]，谈到了这些。

莱维：我一直开车上班，没有一次乘坐公共交通工具。

泰西奥：你的车是什么样的？我想说的是第一辆车……

莱维：第一辆车是菲亚特（Fiat）旅行汽车，后来我换了一辆阿皮亚（Appia），然后我换了一辆富尔维亚（Fulvia），然后我又换了奥托比安基（Autobianchi）

---

1 《不定的时刻》里提到："没有比这里更凄厉的街道了。｜夜与雾笼罩；街灯微弱，｜将破碎的暗影打在人行道上，｜仿佛浸透了虚无，凝结了｜虚无，却与我们相像。｜也许太阳不再存在了。｜也许将永远黑暗：然而｜昴宿星团依旧在别的夜里笑着。｜也许这就是等待我们的永恒：｜不是神父的怀抱，而是离合器，｜刹车，踩离合，挂上一挡。｜也许永恒就是交通灯。｜也许最好如一只雄蜂，｜一夜耗尽自己的生命。"页底写着："1973 年 2 月 2 日"。（引自《莱维作品集》，第二卷；中译文出自普里莫·莱维著，武忠明译：《不定的时刻》，中信出版社，2018 年。）

泰西奥：看起来排量都不大。

莱维：不大，排量最大的是富尔维亚。

泰西奥：你在工厂度过了一生。

莱维：30年，从1947年到1977年。

泰西奥：那是一个人主要的成熟年龄段。对那里的记忆呢？你在小说中讲述过一部分了，但是如果要你介绍典型的一天呢？

莱维：我到了工厂后，便去所有的车间巡视一下，看看是否一切运转良好。

泰西奥：对了，请原谅我打断，可是你始终习惯早起吗？

莱维：是的。

泰西奥：你很情愿地早起吗？

莱维：喜欢早起是一种习惯。八点钟我必须到那里，到塞蒂莫。

泰西奥：因此，在八点钟，一天的工作就开始了。

莱维：我在车间巡视，听一听在夜间发生了什么事情，因为工作是轮班的，也有人值夜班；然后我看一下邮件，回复信件，接待代理商；我在工厂里吃饭，有一个食堂。有各种事情，各种类型的麻烦事。我经常在实验室度过一整天，因为我从来不会离开实验室，为的是按照公式搞出新油漆的配方。

泰西奥：你倾向于信任别人的工作吗？

莱维：我不太信得过别人的工作，至少在开始阶段。后来，在1965年，我们聘用了一个比我年轻，因此也比我博学多闻的化学师，我把很多事情都委托给他去做了。在此期间，我完成了许多次旅行，开始是和老板一起，开着汽车，他对大排量的汽车十分着迷。

泰西奥：你感到有一点害怕吗？

莱维：不，没有，他车开得很好。最多的旅行地点是在德国，也在西班牙，我们甚至还到达过挪威，全都是自己开车去的。在那里，我当口译员和秘书，因为我会讲德语和英语。这些都是相当令人愉快的回忆。这位老板，在工厂里，我和他的关系纯粹是工作伙伴关系，在旅行之中，这种关系就变成了极其好交往的、友好的、亲切而温顺的了。甚至有些时候，他还允许我绕一下，举例说，去法兰西福，和《这是不是个人》的出版商谈话。

泰西奥：他对你作为作家所取得的成就赏识吗？

莱维：是的，不过是默默地，他对此谈得极少。

泰西奥：或许因为他怕让你尴尬？

莱维：他本能地想让两件事分开：你是一个化学师，因此你就做化学师，你为我花时间，我付给你钱。

泰西奥：事后当你们回来的时候，便又恢复了习以为常的关系。

莱维：是的。

泰西奥：没有任何更为友好的关系了？

莱维：很少。

泰西奥：在苏联的旅行，你是和他一起完成的吗？

莱维：在最后的阶段，无论是在德国，还是在苏联，有许多旅行，我是独自完成的。我同一名口译兼女秘书，也是我的女性朋友一起。她十分能干，可以说，她同俄国人保持着外交式的关系。

泰西奥：德国，英格兰，挪威，苏联……

莱维：去德国很多次，起码有二十次；去英格兰，三次或者四次；西班牙一次；挪威一次；苏联三次，奥地利一次。

泰西奥：第一次去德国是怎样的？

莱维：那是在 1951 年，假如我没有记错的话。

泰西奥：但它给你留下了一个特别的印象吗？

莱维：是的，是的，它给我留下了一个特别的印象。当时还存在着一堆堆的废墟，我并不十分心甘情愿地去那里，我觉得好像自己做错了，并不应该跟德国人谈生意。

泰西奥：关于工厂，我们再谈谈。有没有值得回忆的人呢？

莱维：我同“水手长”——他是我们的厂长——有过一种坦诚的友谊，他是来自韦罗伦戈的一个小伙子。一个最好的人，他勇敢、聪明、乐于助人，善于同工人打交道，他讲一口地方话。他是惨死的，从一个脚手架上摔下来，不是在工厂里面。

泰西奥：他启发了你对福索内（Faussone）[1]这个人物的灵感？

莱维：不是。

泰西奥：那是谁启发你对那个人物的灵感呢？

莱维：它产生于我接触过的各种各样的装配工，尤其是产生于与我们同属于一个产业主的姐妹厂的装配工人。这个工厂至今还存在着，它叫作“西克梅”（Sicme），位于都灵市的齐西格拿街上，它安装为铜丝上釉的设备，拥有一些装配工人。我经常与这些人聊天，关于福索内的想法就是在那儿诞生的。

泰西奥：作为领导，你是直接与工人们建立关系，还是存在着过滤器般的中间环节？

莱维：跟一些人，我有着直接的关系，他们是我的人；跟另外一些人，则通过那位“水手长”。

---

1 福索内是《扳手》中的主人公。——编者注

泰西奥：你具有——正如在军事生活中所说的——指挥的天赋吗？

莱维：我的这种天赋一直很少，我把指挥权授予这位工头儿。

泰西奥：你记得什么创伤性事件吗？我想说的是可能让你为难的人际关系事件。

莱维：对我来说，回忆起来有一点困难。有严重家庭问题的工人，一个偷东西的人……

泰西奥：在工厂里？

莱维：是的。

泰西奥：在这种情况下，你对采取措施感到为难吗？

莱维：是的，我必须开除他。在我发现某个人抽烟这件事上，我多半是略过不管的。当时工厂是禁止吸烟的，有些时候我就假装没有看见。

泰西奥：有多少工人？

莱维：最多的时候有70个，但开始时，我还在皇后大街时，只有7个人。

泰西奥：现在它还是一个兴旺的工厂吗？

莱维：工厂现在减少了一半规模，但仅就它留下的那些来讲，还是相当兴旺的，其中还有我设计制造出来的设备。

泰西奥：当你在工厂里有问题时，你倾向于把问题也带回家里吗？

莱维：是的。

泰西奥：你无法不管……

莱维：做不到。再说，他们给我打电话，我不知道，有时候晚上也打。我必须在夜间不止去工厂一次，有时是两次或三次。去看一下，采取措施。我记得我儿子在1957年出生时，他是在清晨的四点钟出生的，可是在七点钟，我就已经到达塞蒂莫了。因为下了冰雹，我不知道出了什么麻烦事。我是相当勤奋的人。

泰西奥：对此我不怀疑。但是在工厂里的那些岁月，你确实从来没有过改变一下，做其他事情的念头吗？比方说，开始自己办企业？

莱维：在有了经验之后自己办企业，这没想过。毫无疑问，没有想过。我没有工业家的血统。我曾经盼望过退休的岁月，我受够了工厂里的生活，尤其是这些夜间工作。还有意外事故，我已经讲述过了吧？

泰西奥：关于火，你们曾相信扔掉易燃材料就能消灭火灾？然而后来又有了这种你过着的、让自己分身的生活。

莱维：我如何找到从事所有这些事情的精力，我问过我自己，这是一个谜。

泰西奥：我也问过自己。

莱维：然而，在1961年和1962年，我写完了《休战》。

泰西奥：你是在工厂里，利用零碎的时间写的？

莱维：我始终是在家里写的，是在晚饭之后，感到有意愿和力量的时候。

泰西奥：总而言之，相当惊人。

莱维：当我知道自己要退休时，我写完了《元素周期表》。之前我不能写，我不能够谈论工厂，对此我心理上感到压抑。

图书在版编目（CIP）数据

与你们交谈的我：莱维、泰西奥谈话录 /（意）普里莫·莱维，（意）乔瓦尼·泰西奥著；刘月樵译．--北京：中信出版社，2018.10（2022.8 重印）

ISBN 978-7-5086-8736-0

Ⅰ．①与… Ⅱ．①普… ②乔… ③刘… Ⅲ．①普里莫·莱维－访问记②泰西奥－访问记 Ⅳ．① K835.465.6

中国版本图书馆 CIP 数据核字（2018）第 047003 号

IO CHE VI PARLO (I WHO SPEAK TO YOU: AN INTERVIEW BY GIOVANNI TESIO)
by Primo Levi

Published by CITIC Press Corporation

与你们交谈的我——莱维、泰西奥谈话录

著　　者：［意］普里莫·莱维　［意］乔瓦尼·泰西奥
译　　者：刘月樵
校　　译：沈萼梅
出版发行：中信出版集团股份有限公司
（北京市朝阳区惠新东街甲 4 号富盛大厦 2 座　邮编　100029）
承 印 者：山东临沂新华印刷物流集团有限责任公司

开　　本：850mm×1092mm　1/32　　印　　张：5.5　　字　　数：104 千字
版　　次：2018 年 10 月第 1 版　　印　　次：2022 年 8 月第 2 次印刷
书　　号：ISBN 978-7-5086-8736-0
定　　价：45.00 元

服务热线：400-600-8099
投稿邮箱：author@citicpub.com